Lh 3/263

ÉTAT-MAJOR
DU GOUVERNEMENT DE PARIS.

 ORDRE du 1.er Vendémiaire an 13.

SERVICE DE L'ÉTAT-MAJOR DU GOUVERNEMENT DE PARIS.

Du 1.er au 2.e Vendémiaire.

Adjudant de Place de service à l'État-major........................ CORDIEZ.
Adjudant de Place de ronde de nuit.............................. SANSON.

Visite aux Casernes, Prisons, Hôpital, et distribution de fourrages.

Rive droite de la Seine : le Lieutenant Adjudant de Place............... SANSON.
Rive gauche : le Capitaine Adjudant de Place..................... VIART.

Du 2.e au 3.e Vendémiaire.

Adjudant de Place de service à l'État-major........................ CARON.
Adjudant de Place de ronde de nuit.............................. VIART.

Visite aux Casernes, Prisons, Hôpital, et distribution de fourrages.

Rive droite de la Seine : le Capitaine Adjudant de Place............... VIART.
Rive gauche : le Capitaine Adjudant de Place..................... CORDIEZ.

Rien de nouveau.

*Le Général de Brigade, Chef de l'État-major général du Gouvernement de Paris
et de la première Division militaire,*

CÉSAR BERTHIER.

Pour copie conforme :

L'Adjudant-commandant, Sous-chef de l'État-major général du Gouvernement de Paris,

DOUCET.

ÉTAT-MAJOR
DU GOUVERNEMENT DE PARIS.

ORDRE du 2 Vendémiaire an 13.

SERVICE DE L'ÉTAT-MAJOR DU GOUVERNEMENT DE PARIS.

Du 2.ᵉ au 3.ᵉ Vendémiaire.

Adjudant de Place de service à l'État-major....................	CARON.
Adjudant de Place de ronde de nuit.............................	VIART.

Visite aux Casernes, Prisons, Hôpital, et distribution de fourrages.

Rive droite de la Seine : le Capitaine Adjudant de Place................	VIART.
Rive gauche : le Capitaine Adjudant de Place.......................	CORDIEZ.

Du 3.ᵉ au 4.ᵉ Vendémiaire.

Adjudant de Place de service à l'État-major....................	VILLERS.
Adjudant de Place de ronde de nuit.............................	CORDIEZ.

Visite aux Casernes, Prisons, Hôpital, et distribution de fourrages.

Rive droite de la Seine : le Capitaine Adjudant de Place................	CORDIEZ.
Rive gauche : le Capitaine Adjudant de Place.......................	CARON.

Rien de nouveau.

Le Général de Brigade, Chef de l'État-major général du Gouvernement de Paris et de la première Division militaire,

CÉSAR BERTHIER.

Pour copie conforme :

L'Adjudant-commandant, Sous-chef de l'État-major général du Gouvernement de Paris,

DOUCET.

ÉTAT-MAJOR
DU GOUVERNEMENT DE PARIS.

ORDRE du 3 Vendémiaire an 13.

SERVICE DE L'ÉTAT-MAJOR DU GOUVERNEMENT DE PARIS.

Du 3 au 4 Vendémiaire.

Adjudant de Place de service à l'État-major....................	VILLERS.
Adjudant de Place de ronde de nuit............................	CORDIEZ.

Visite aux Casernes, Prisons, Hôpital, et distribution de fourrages.

Rive droite de la Seine : le Capitaine Adjudant de Place...............	CORDIEZ.
Rive gauche : le Capitaine Adjudant de Place.......................	CARON.

Du 4 au 5 Vendémiaire.

Adjudant de Place de service à l'État-major....................	GRAILLARD.
Adjudant de Place de ronde de nuit............................	CARON.

Visite aux Casernes, Prisons, Hôpital, et distribution de fourrages.

Rive droite de la Seine : le Capitaine Adjudant de Place...............	CARON.
Rive gauche : le Capitaine Adjudant de Place.......................	VILLERS.

Rien de nouveau.

Le Général de Brigade, Chef de l'État-major général du Gouvernement de Paris et de la première Division militaire,

CÉSAR BERTHIER.

Pour copie conforme :

L'Adjudant-commandant, Sous-chef de l'État-major général du Gouvernement de Paris,

DOUCET.

ÉTAT-MAJOR
DU GOUVERNEMENT DE PARIS.

ORDRE du 4 Vendémiaire an 13.

SERVICE DE L'ÉTAT-MAJOR DU GOUVERNEMENT DE PARIS.

Du 4 au 5 Vendémiaire.

Adjudant de Place de service à l'État-major....................... GRAILLARD.
Adjudant de Place de ronde de nuit................................ CARON.

Visite aux Casernes, Prisons, Hôpital, et distribution de fourrages.

Rive droite de la Seine : le Capitaine Adjudant de Place......... CARON.
Rive gauche : le Capitaine Adjudant de Place..................... VILLERS.

Du 5 au 6 Vendémiaire.

Adjudant de Place de service à l'État-major....................... SANSON.
Adjudant de Place de ronde de nuit................................ VILLERS.

Visite aux Casernes, Prisons, Hôpital, et distribution de fourrages.

Rive droite de la Seine : le Capitaine Adjudant de Place......... VILLERS.
Rive gauche : le Capitaine Adjudant de Place..................... GRAILLARD.

Rien de nouveau.

Le Général de Brigade, Chef de l'État-major général du Gouvernement de Paris et de la première Division militaire,

CÉSAR BERTHIER.

Pour copie conforme :

L'Adjudant-commandant, Sous-chef de l'État-major général du Gouvernement de Paris,

DOUCET.

ÉTAT-MAJOR
DU GOUVERNEMENT DE PARIS.

ORDRE du 5 Vendémiaire an 13.

SERVICE DE L'ÉTAT-MAJOR DU GOUVERNEMENT DE PARIS.

Du 5 au 6 Vendémiaire.

Adjudant de Place de service à l'État-major........................ SANSON.
Adjudant de Place de ronde de nuit................................ VILLERS.

Visite aux Casernes, Prisons, Hôpital, et distribution de fourrages.

Rive droite de la Seine : le Capitaine Adjudant de Place............... VILLERS.
Rive gauche : le Capitaine Adjudant de Place....................... GRAILLARD.

Du 6 au 7 Vendémiaire.

Adjudant de Place de service à l'État-major........................ VIART.
Adjudant de Place de ronde de nuit................................ GRAILLARD.

Visite aux Casernes, Prisons, Hôpital, et distribution de fourrages.

Rive droite de la Seine : le Capitaine Adjudant de Place............... GRAILLARD.
Rive gauche : le Lieutenant Adjudant de Place...................... SANSON.

Rien de nouveau.

Le Général de Brigade, Chef de l'État-major général du Gouvernement de Paris et de la première Division militaire,

CÉSAR BERTHIER.

Pour copie conforme :

L'Adjudant-commandant, Sous-chef de l'État-major général du Gouvernement de Paris,

DOUCET.

ÉTAT-MAJOR
DU GOUVERNEMENT DE PARIS.

ORDRE du 6 Vendémiaire an 13.

SERVICE DE L'ÉTAT-MAJOR DU GOUVERNEMENT DE PARIS.

Du 6 au 7 Vendémiaire.

Adjudant de Place de service à l'État-major....................... VIART.
Adjudant de Place de ronde de nuit............................... GRAILLARD.

Visite aux Casernes, Prisons, Hôpital, et distribution de fourrages.

Rive droite de la Seine : le Capitaine Adjudant de Place............... GRAILLARD.
Rive gauche : le Lieutenant Adjudant de Place....................... SANSON.

Du 7 au 8 Vendémiaire.

Adjudant de Place de service à l'État-major....................... COTEAU.
Adjudant de Place de ronde de nuit............................... SANSON.

Visite aux Casernes, Prisons, Hôpital, et distribution de fourrages.

Rive droite de la Seine : le Lieutenant Adjudant de Place............... SANSON.
Rive gauche : le Capitaine Adjudant de Place....................... VIART.

Rien de nouveau.

Le Général de Brigade, Chef de l'État-major général du Gouvernement de Paris et de la première Division militaire,

CÉSAR BERTHIER.

Pour copie conforme :
L'Adjudant-commandant, Sous-chef de l'État-major général du Gouvernement de Paris,

DOUCET.

ÉTAT-MAJOR
DU GOUVERNEMENT DE PARIS.

Ordre du 7 Vendémiaire an 13.

SERVICE DE L'ÉTAT-MAJOR DU GOUVERNEMENT DE PARIS.

Du 7 au 8 Vendémiaire.

Adjudant de Place de service à l'État-major......................... Coteau.
Adjudant de Place de ronde de nuit................................ Sanson.

Visite aux Casernes, Prisons, Hôpital, et distribution de fourrages.

Rive droite de la Seine : le Lieutenant Adjudant de Place............... Sanson.
Rive gauche : le Capitaine Adjudant de Place .... Viart.

Du 8 au 9 Vendémiaire.

Adjudant de Place de service à l'État-major......................... Caron.
Adjudant de Place de ronde de nuit................................ Viart.

Visite aux Casernes, Prisons, Hôpital, et distribution de fourrages.

Rive droite de la Seine : le Capitaine Adjudant de Place............... Viart.
Rive gauche : le Capitaine Adjudant de Place....................... Coteau.

Rien de nouveau.

Le Général de Brigade, Chef de l'État-major général du Gouvernement de Paris et de la première Division militaire,

César BERTHIER.

Pour copie conforme :

L'Adjudant-commandant, Sous-chef de l'État-major général du Gouvernement de Paris,

DOUCET.

ÉTAT-MAJOR
DU GOUVERNEMENT DE PARIS.

ORDRE du 8 Vendémiaire an 13.

SERVICE DE L'ÉTAT-MAJOR DU GOUVERNEMENT DE PARIS.

Du 8 au 9 Vendémiaire.

Adjudant de Place de service à l'État-major	CARON.
Adjudant de Place de ronde de nuit	VIART.

Visite aux Casernes, Prisons, Hôpital, et distribution de fourrages.

Rive droite de la Seine : le Capitaine Adjudant de Place	VIART.
Rive gauche : le Capitaine Adjudant de Place	COTEAU.

Du 9 au 10 Vendémiaire.

Adjudant de Place de service à l'État-major	VILLERS.
Adjudant de Place de ronde de nuit	COTEAU.

Visite aux Casernes, Prisons, Hôpital, et distribution de fourrages.

Rive droite de la Seine : le Capitaine Adjudant de Place	COTEAU.
Rive gauche : le Capitaine Adjudant de Place	CARON.

Rien de nouveau.

Le Général de Brigade, Chef de l'État-major général du Gouvernement de Paris et de la première Division militaire,

CÉSAR BERTHIER.

Pour copie conforme :

L'Adjudant-commandant, Sous-chef de l'État-major général du Gouvernement de Paris,

DOUCET.

ÉTAT-MAJOR
DU GOUVERNEMENT DE PARIS.

Ordre du 9 Vendémiaire an 13.

SERVICE DE L'ÉTAT-MAJOR DU GOUVERNEMENT DE PARIS.

Du 9 au 10 Vendémiaire.

Adjudant de Place de service à l'État-major.................... Villers.
Adjudant de Place de ronde de nuit............................. Coteau.

Visite aux Casernes, Prisons, Hôpital, et distribution de fourrages.

Rive droite de la Seine : le Capitaine Adjudant de Place............... Coteau.
Rive gauche : le Capitaine Adjudant de Place....................... Caron.

Du 10 au 11 Vendémiaire.

Adjudant de Place de service à l'État-major.................... Graillard.
Adjudant de Place de ronde de nuit............................. Caron.

Visite aux Casernes, Prisons, Hôpital, et distribution de fourrages.

Rive droite de la Seine : le Capitaine Adjudant de Place............... Caron.
Rive gauche : le Capitaine Adjudant de Place....................... Villers.

Rien de nouveau.

Le Général de Brigade, Chef de l'État-major général du Gouvernement de Paris et de la première Division militaire,

César BERTHIER.

Pour copie conforme :

L'Adjudant-commandant, Sous-chef de l'État-major général du Gouvernement de Paris,

DOUCET.

ÉTAT-MAJOR
DU GOUVERNEMENT DE PARIS.

ORDRE du 10 Vendémiaire an 13.

SERVICE DE L'ÉTAT-MAJOR DU GOUVERNEMENT DE PARIS.

Du 10 au 11 Vendémiaire.

Adjudant de Place de service à l'État-major........................ GRAILLARD.
Adjudant de Place de ronde de nuit............................... CARON.

Visite aux Casernes, Prisons, Hôpital, et distribution de fourrages.

Rive droite de la Seine : le Capitaine Adjudant de Place............... CARON.
Rive gauche : le Capitaine Adjudant de Place....................... VILLERS.

Du 11 au 12 Vendémiaire.

Adjudant de Place de service à l'État-major........................ SANSON.
Adjudant de Place de ronde de nuit............................... VILLERS.

Visite aux Casernes, Prisons, Hôpital, et distribution de fourrages.

Rive droite de la Seine : le Capitaine Adjudant de Place............... VILLERS.
Rive gauche : le Capitaine Adjudant de Place....................... GRAILLARD.

Rien de nouveau.

Le Général de Brigade, Chef de l'État-major général du Gouvernement de Paris et de la première Division militaire,

CÉSAR BERTHIER.

Pour copie conforme :

L'Adjudant-commandant, Sous-chef de l'État-major général du Gouvernement de Paris,

DOUCET.

ÉTAT-MAJOR
DU GOUVERNEMENT DE PARIS.

ORDRE du 11 Vendémiaire an 13.

SERVICE DE L'ÉTAT-MAJOR DU GOUVERNEMENT DE PARIS.

Du 11 au 12 Vendémiaire.

Adjudant de Place de service à l'État-major .... SANSON.
Adjudant de Place de ronde de nuit............................. VILLERS.

Visite aux Casernes, Prisons, Hôpital, et distribution de fourrages.

Rive droite de la Seine : le Capitaine Adjudant de Place............... VILLERS.
Rive gauche : le Capitaine Adjudant de Place .... GRAILLARD.

Du 12 au 13 Vendémiaire.

Adjudant de Place de service à l'État-major .... VIART.
Adjudant de Place de ronde de nuit............................. GRAILLARD.

Visite aux Casernes, Prisons, Hôpital, et distribution de fourrages.

Rive droite de la Seine : le Capitaine Adjudant de Place............... GRAILLARD.
Rive gauche : le Lieutenant Adjudant de Place..................... SANSON.

Rien de nouveau.

Le Général de Brigade, Chef de l'État-major général du Gouvernement de Paris et de la première Division militaire,

CÉSAR BERTHIER.

Pour copie conforme :

L'Adjudant-commandant, Sous-chef de l'État-major général du Gouvernement de Paris,

DOUCET.

ÉTAT-MAJOR
DU GOUVERNEMENT DE PARIS.

ORDRE du 12 Vendémiaire an 13.

SERVICE DE L'ÉTAT-MAJOR DU GOUVERNEMENT DE PARIS.

Du 12 au 13 Vendémiaire.

Adjudant de Place de service à l'État-major......................... VIART.
Adjudant de Place de ronde de nuit................................. GRAILLARD.

Visite aux Casernes, Prisons, Hôpital, et distribution de fourrages.

Rive droite de la Seine : le Capitaine Adjudant de Place............... GRAILLARD.
Rive gauche : le Lieutenant Adjudant de Place...................... SANSON.

Du 13 au 14 Vendémiaire.

Adjudant de Place de service à l'État-major......................... COTEAU.
Adjudant de Place de ronde de nuit................................ SANSON.

Visite aux Casernes, Prisons, Hôpital, et distribution de fourrages.

Rive droite de la Seine : le Lieutenant Adjudant de Place............... SANSON.
Rive gauche : le Capitaine Adjudant de Place....................... VIART.

Rien de nouveau.

Le Général de Brigade, Chef de l'État-major général du Gouvernement de Paris et de la première Division militaire,

CÉSAR BERTHIER.

Pour copie conforme :

L'Adjudant-commandant, Sous-chef de l'État-major général du Gouvernement de Paris,

DOUCET.

ÉTAT-MAJOR
DU GOUVERNEMENT DE PARIS.

ORDRE du 13 Vendémiaire an 13.

SERVICE DE L'ÉTAT-MAJOR DU GOUVERNEMENT DE PARIS.

Du 13 au 14 Vendémiaire.

Adjudant de Place de service à l'État-major.................... COTEAU.
Adjudant de Place de ronde de nuit............................ SANSON.

Visite aux Casernes, Prisons, Hôpital, et distribution de fourrages.

Rive droite de la Seine : le Lieutenant Adjudant de Place........ SANSON.
Rive gauche : le Capitaine Adjudant de Place .... VIART.

Du 14 au 15 Vendémiaire.

Adjudant de Place de service à l'État-major.................... CORDIEZ.
Adjudant de Place de ronde de nuit............................ VIART.

Visite aux Casernes, Prisons, Hôpital, et distribution de fourrages.

Rive droite de la Seine : le Capitaine Adjudant de Place........ VIART.
Rive gauche : le Capitaine Adjudant de Place .... COTEAU.

Rien de nouveau.

Le Général de Brigade, Chef de l'État-major général du Gouvernement de Paris et de la première Division militaire,

CÉSAR BERTHIER.

Pour copie conforme :
L'Adjudant-commandant, Sous-chef de l'État-major général du Gouvernement de Paris,

DOUCET.

ÉTAT-MAJOR
DU GOUVERNEMENT DE PARIS.

ORDRE du 14 Vendémiaire an 13.

SERVICE DE L'ÉTAT-MAJOR DU GOUVERNEMENT DE PARIS.

Du 14 au 15 Vendémiaire.

Adjudant de Place de service à l'État-major......................... CORDIEZ.
Adjudant de Place de ronde de nuit................................. VIART.

Visite aux Casernes, Prisons, Hôpital, et distribution de fourrages.

Rive droite de la Seine : le Capitaine Adjudant de Place................ VIART.
Rive gauche : le Capitaine Adjudant de Place....................... COTEAU.

Du 15 au 16 Vendémiaire.

Adjudant de Place de service à l'État-major......................... VILLERS.
Adjudant de Place de ronde de nuit................................. COTEAU.

Visite aux Casernes, Prisons, Hôpital, et distribution de fourrages.

Rive droite de la Seine : le Capitaine Adjudant de Place............... COTEAU.
Rive gauche : le Capitaine Adjudant de Place....................... CORDIEZ.

Rien de nouveau.

Le Général de Brigade, Chef de l'État-major général du Gouvernement de Paris et de la première Division militaire,

CÉSAR BERTHIER.

Pour copie conforme :
L'Adjudant-commandant, Sous-chef de l'État-major général du Gouvernement de Paris,

DOUCET.

ÉTAT-MAJOR
DU GOUVERNEMENT DE PARIS.

ORDRE du 15 Vendémiaire an 13.

SERVICE DE L'ÉTAT-MAJOR DU GOUVERNEMENT DE PARIS.

Du 15 au 16 Vendémiaire.

Adjudant de Place de service à l'État-major........................ VILLERS.
Adjudant de Place de ronde de nuit............................... COTEAU.

Visite aux Casernes, Prisons, Hôpital, et distribution de fourrages.

Rive droite de la Seine : le Capitaine Adjudant de Place............... COTEAU.
Rive gauche : le Capitaine Adjudant de Place....................... CORDIEZ.

Du 16 au 17 Vendémiaire.

Adjudant de Place de service à l'État-major........................ GRAILLARD.
Adjudant de Place de ronde de nuit............................... CORDIEZ.

Visite aux Casernes, Prisons, Hôpital, et distribution de fourrages.

Rive droite de la Seine : le Capitaine Adjudant de Place............... CORDIEZ.
Rive gauche : le Capitaine Adjudant de Place....................... VILLERS.

Rien de nouveau.

Le Général de Brigade, Chef de l'État-major général du Gouvernement de Paris et de la première Division militaire,

CÉSAR BERTHIER.

Pour copie conforme :

L'Adjudant-commandant, Sous-chef de l'État-major général du Gouvernement de Paris,

DOUCET.

ÉTAT-MAJOR
DU GOUVERNEMENT DE PARIS.

ORDRE du 16 Vendémiaire an 13.

SERVICE DE L'ÉTAT-MAJOR DU GOUVERNEMENT DE PARIS,

Du 16 au 17 Vendémiaire.

Adjudant de Place de service à l'État-major....................... GRAILLARD.
Adjudant de Place de ronde de nuit................................ CORDIEZ.

Visite aux Casernes, Prisons, Hôpital, et distribution de fourrages.

Rive droite de la Seine : le Capitaine Adjudant de Place............... CORDIEZ.
Rive gauche : le Capitaine Adjudant de Place........................ VILLERS.

Du 17 au 18 Vendémiaire.

Adjudant de Place de service à l'État-major....................... SANSON.
Adjudant de Place de ronde de nuit................................ VILLERS.

Visite aux Casernes, Prisons, Hôpital, et distribution de fourrages.

Rive droite de la Seine : le Capitaine Adjudant de Place............... VILLERS.
Rive gauche : le Capitaine Adjudant de Place........................ GRAILLARD.

Rien de nouveau.

Le Général de Brigade, Chef de l'État-major général du Gouvernement de Paris et de la première Division militaire,

CÉSAR BERTHIER.

Pour copie conforme :

L'Adjudant-commandant, Sous-chef de l'État-major général du Gouvernement de Paris,

DOUCET.

ÉTAT-MAJOR
DU GOUVERNEMENT DE PARIS.

ORDRE du 17 Vendémiaire an 13.

SERVICE DE L'ÉTAT-MAJOR DU GOUVERNEMENT DE PARIS.

Du 17 au 18 Vendémiaire.

Adjudant de Place de service à l'État-major........................ SANSON.
Adjudant de Place de ronde de nuit................................ VILLERS.

Visite aux Casernes, Prisons, Hôpital, et distribution de fourrages.

Rive droite de la Seine : le Capitaine Adjudant de Place............... VILLERS.
Rive gauche : le Capitaine Adjudant de Place....................... GRAILLARD.

Du 18 au 19 Vendémiaire.

Adjudant de Place de service à l'État-major........................ VIART.
Adjudant de Place de ronde de nuit............................... GRAILLARD.

Visite aux Casernes, Prisons, Hôpital, et distribution de fourrages.

Rive droite de la Seine : le Capitaine Adjudant de Place............... GRAILLARD.
Rive gauche : le Lieutenant Adjudant de Place...................... SANSON.

Rien de nouveau.

Le Général de Brigade, Chef de l'État-major général du Gouvernement de Paris et de la première Division militaire,

CÉSAR BERTHIER.

Pour copie conforme :

L'Adjudant-commandant, Sous-chef de l'État-major général du Gouvernement de Paris,

DOUCET.

ÉTAT-MAJOR
DU GOUVERNEMENT DE PARIS.

ORDRE du 18 Vendémiaire an 13.

SERVICE DE L'ÉTAT-MAJOR DU GOUVERNEMENT DE PARIS.

Du 18 au 19 Vendémiaire.

Adjudant de Place de service à l'État-major .... VIART.
Adjudant de Place de ronde de nuit............................... GRAILLARD.

Visite aux Casernes, Prisons, Hôpital, et distribution de fourrages.

Rive droite de la Seine : le Capitaine Adjudant de Place................ GRAILLARD.
Rive gauche : le Lieutenant Adjudant de Place....................... SANSON.

Du 19 au 20 Vendémiaire.

Adjudant de Place de service à l'État-major .... COTEAU.
Adjudant de Place de ronde de nuit............................... SANSON.

Visite aux Casernes, Prisons, Hôpital, et distribution de fourrages.

Rive droite de la Seine : le Lieutenant Adjudant de Place.............. SANSON.
Rive gauche : le Capitaine Adjudant de Place....................... VIART.

Rien de nouveau.

Le Général de Brigade, Chef de l'État-major général du Gouvernement de Paris et de la première Division militaire,

CÉSAR BERTHIER.

Pour copie conforme :

L'Adjudant-commandant, Sous-chef de l'État-major général du Gouvernement de Paris,

DOUCET.

ÉTAT-MAJOR
DU GOUVERNEMENT DE PARIS.

Ordre du 19 Vendémiaire an 13.

SERVICE DE L'ÉTAT-MAJOR DU GOUVERNEMENT DE PARIS.

Du 19 au 20 Vendémiaire.

Adjudant de Place de service à l'État-major...................... Coteau.
Adjudant de Place de ronde de nuit............................. Sanson.

Visite aux Casernes, Prisons, Hôpital, et distribution de fourrages.

Rive droite de la Seine : le Lieutenant Adjudant de Place............. Sanson.
Rive gauche : le Capitaine Adjudant de Place...................... Viart.

Du 20 au 21 Vendémiaire.

Adjudant de Place de service à l'État-major...................... Cordiez.
Adjudant de Place de ronde de nuit............................. Viart.

Visite aux Casernes, Prisons, Hôpital, et distribution de fourrages.

Rive droite de la Seine : le Capitaine Adjudant de Place.............. Viart.
Rive gauche : le Capitaine Adjudant de Place...................... Coteau.

Rien de nouveau.

Le Général de Brigade, Chef de l'État-major général du Gouvernement de Paris et de la première Division militaire,

César BERTHIER.

Pour copie conforme :

L'Adjudant-commandant, Sous-chef de l'État-major général du Gouvernement de Paris,

DOUCET.

ÉTAT-MAJOR
DU GOUVERNEMENT DE PARIS.

ORDRE du 20 Vendémiaire an 13.

SERVICE DE L'ÉTAT-MAJOR DU GOUVERNEMENT DE PARIS.

Du 20 au 21 Vendémiaire.

Adjudant de Place de service à l'État-major	CORDIEZ.
Adjudant de Place de ronde de nuit	VIART.

Visite aux Casernes, Prisons, Hôpital, et distribution de fourrages.

Rive droite de la Seine : le Capitaine Adjudant de Place	VIART.
Rive gauche : le Capitaine Adjudant de Place	COTEAU.

Du 21 au 22 Vendémiaire.

Adjudant de Place de service à l'État-major	CARON.
Adjudant de Place de ronde de nuit	VILLERS.

Visite aux Casernes, Prisons, Hôpital, et distribution de fourrages.

Rive droite de la Seine : le Capitaine Adjudant de Place	COTEAU.
Rive gauche : le Capitaine Adjudant de Place	CORDIEZ.

Rien de nouveau.

Le Général de Brigade, Chef de l'État-major général du Gouvernement de Paris et de la première Division militaire,

CÉSAR BERTHIER.

Pour copie conforme :

L'Adjudant-commandant, Sous-chef de l'État-major général du Gouvernement de Paris,

DOUCET.

ÉTAT-MAJOR
DU GOUVERNEMENT DE PARIS.

ORDRE du 21 Vendémiaire an 13.

SERVICE DE L'ÉTAT-MAJOR DU GOUVERNEMENT DE PARIS.

Du 21 au 22 Vendémiaire.

Adjudant de Place de service à l'État-major.......................... CARON.
Adjudant de Place de ronde de nuit.................................. VILLERS.

Visite aux Casernes, Prisons, Hôpital, et distribution de fourrages.

Rive droite de la Seine : le Capitaine Adjudant de Place................ COTEAU.
Rive gauche : le Capitaine Adjudant de Place........................ CORDIEZ.

Du 22 au 23 Vendémiaire.

Adjudant de Place de service à l'État-major.......................... VILLERS.
Adjudant de Place de ronde de nuit.................................. COTEAU.

Visite aux Casernes, Prisons, Hôpital, et distribution de fourrages.

Rive droite de la Seine : le Capitaine Adjudant de Place................ CORDIEZ.
Rive gauche : le Capitaine Adjudant de Place........................ CARON.

Rien de nouveau.

Le Général de Brigade, Chef de l'État-major général du Gouvernement de Paris et de la première Division militaire,
CÉSAR BERTHIER.

Pour copie conforme :
L'Adjudant-commandant, Sous-chef de l'État-major général du Gouvernement de Paris,
DOUCET.

ÉTAT-MAJOR
DU GOUVERNEMENT DE PARIS.

ORDRE du 22 Vendémiaire an 13.

SERVICE DE L'ÉTAT-MAJOR DU GOUVERNEMENT DE PARIS.

Du 22 au 23 Vendémiaire.

Adjudant de Place de service à l'État-major........................ GRAILLARD.
Adjudant de Place de ronde de nuit............................... COTEAU.

Visite aux Casernes, Prisons, Hôpital, et distribution de fourrages.

Rive droite de la Seine : le Capitaine Adjudant de Place............... CORDIEZ.
Rive gauche : le Capitaine Adjudant de Place...................... CARON.

Du 23 au 24 Vendémiaire.

Adjudant de Place de service à l'État-major........................ SANSON.
Adjudant de Place de ronde de nuit............................... CORDIEZ.

Visite aux Casernes, Prisons, Hôpital, et distribution de fourrages.

Rive droite de la Seine : le Capitaine Adjudant de Place............... CARON.
Rive gauche : le Capitaine Adjudant de Place...................... GRAILLARD.

Rien de nouveau.

Le Général de Brigade, Chef de l'État-major général du Gouvernement de Paris et de la première Division militaire,

CÉSAR BERTHIER.

Pour copie conforme :

L'Adjudant-commandant, Sous-chef de l'État-major général du Gouvernement de Paris,

DOUCET.

ÉTAT-MAJOR
DU GOUVERNEMENT DE PARIS.

ORDRE du 23 Vendémiaire an 13.

SERVICE DE L'ÉTAT-MAJOR DU GOUVERNEMENT DE PARIS.

Du 23 au 24 Vendémiaire.

Adjudant de Place de service à l'État-major........................ SANSON.
Adjudant de Place de ronde de nuit............................... CORDIEZ.

Visite aux Casernes, Prisons, Hôpital, et distribution de fourrages.

Rive droite de la Seine : le Capitaine Adjudant de Place............... CARON.
Rive gauche : le Capitaine Adjudant de Place........................ GRAILLARD.

Du 24 au 25 Vendémiaire.

Adjudant de Place de service à l'État-major........................ VIART.
Adjudant de Place de ronde de nuit............................... GRAILLARD.

Visite aux Casernes, Prisons, Hôpital, et distribution de fourrages.

Rive droite de la Seine : le Capitaine Adjudant de Place............... GRAILLARD.
Rive gauche : le Lieutenant Adjudant de Place...................... SANSON.

Rien de nouveau.

Le Général de Brigade, Chef de l'État-major général du Gouvernement de Paris et de la première Division militaire,

CÉSAR BERTHIER.

Pour copie conforme :

L'Adjudant-commandant, Sous-chef de l'État-major général du Gouvernement de Paris,

DOUCET.

ÉTAT-MAJOR
DU GOUVERNEMENT DE PARIS.

ORDRE du 24 Vendémiaire an 13.

SERVICE DE L'ÉTAT-MAJOR DU GOUVERNEMENT DE PARIS.

Du 24 au 25 Vendémiaire.

Adjudant de Place de service à l'État-major....................... VIART.
Adjudant de Place de ronde de nuit............................... GRAILLARD.

Visite aux Casernes, Prisons, Hôpital, et distribution de fourrages.

Rive droite de la Seine : le Capitaine Adjudant de Place................ GRAILLARD.
Rive gauche : le Lieutenant Adjudant de Place........................ SANSON.

Du 25 au 26 Vendémiaire.

Adjudant de Place de service à l'État-major....................... COTEAU.
Adjudant de Place de ronde de nuit............................... SANSON.

Visite aux Casernes, Prisons, Hôpital, et distribution de fourrages.

Rive droite de la Seine : le Lieutenant Adjudant de Place............... SANSON.
Rive gauche : le Capitaine Adjudant de Place........................ VIART.

Rien de nouveau.

Le Général de Brigade, Chef de l'État-major général du Gouvernement de Paris et de la première Division militaire,

CÉSAR BERTHIER.

Pour copie conforme :

L'Adjudant-commandant, Sous-chef de l'État-major général du Gouvernement de Paris,

DOUCET.

ÉTAT-MAJOR
DU GOUVERNEMENT DE PARIS.

ORDRE du 25 Vendémiaire an 13.

SERVICE DE L'ÉTAT-MAJOR DU GOUVERNEMENT DE PARIS.

Du 25 au 26 Vendémiaire.

Adjudant de Place de service à l'État-major........................ COTEAU.
Adjudant de Place de ronde de nuit................................. SANSON.

Visite aux Casernes, Prisons, Hôpital, et distribution de fourrages.

Rive droite de la Seine : le Lieutenant Adjudant de Place............... SANSON.
Rive gauche : le Capitaine Adjudant de Place .... VIART.

Du 26 au 27 Vendémiaire.

Adjudant de Place de service à l'État-major........................ CORDIEZ.
Adjudant de Place de ronde de nuit................................. VIART.

Visite aux Casernes, Prisons, Hôpital, et distribution de fourrages.

Rive droite de la Seine : le Capitaine Adjudant de Place................ VIART.
Rive gauche : le Capitaine Adjudant de Place .... COTEAU.

Rien de nouveau.

Le Général de Brigade, Chef de l'État-major général du Gouvernement de Paris et de la première Division militaire,

CÉSAR BERTHIER.

Pour copie conforme :

L'Adjudant-commandant, Sous-chef de l'État-major général du Gouvernement de Paris,

DOUCET.

ÉTAT-MAJOR
DU GOUVERNEMENT DE PARIS.

ORDRE du 26 Vendémiaire an 13.

SERVICE DE L'ÉTAT-MAJOR DU GOUVERNEMENT DE PARIS.

Du 26 au 27 Vendémiaire.

Adjudant de Place de service à l'État-major........................ CORDIEZ.
Adjudant de Place de ronde de nuit................................ VIART.

Visite aux Casernes, Prisons, Hôpital, et distribution de fourrages.

Rive droite de la Seine : le Capitaine Adjudant de Place............... VIART.
Rive gauche : le Capitaine Adjudant de Place....................... COTEAU.

Du 27 au 28 Vendémiaire.

Adjudant de Place de service à l'État-major........................ CARON.
Adjudant de Place de ronde de nuit................................ COTEAU.

Visite aux Casernes, Prisons, Hôpital, et distribution de fourrages.

Rive droite de la Seine : le Capitaine Adjudant de Place............... COTEAU.
Rive gauche : le Capitaine Adjudant de Place....................... CORDIEZ.

Rien de nouveau.

Le Général de Brigade, Chef de l'État-major général du Gouvernement de Paris et de la première Division militaire,

CÉSAR BERTHIER.

Pour copie conforme :

L'Adjudant-commandant, Sous-chef de l'État-major général du Gouvernement de Paris,

DOUCET.

ÉTAT-MAJOR
DU GOUVERNEMENT DE PARIS.

ORDRE du 27 Vendémiaire an 13.

SERVICE DE L'ÉTAT-MAJOR DU GOUVERNEMENT DE PARIS.

Du 27 au 28 Vendémiaire.

Adjudant de Place de service à l'État-major .... CARON.
Adjudant de Place de ronde de nuit............................... COTEAU.

Visite aux Casernes, Prisons, Hôpital, et distribution de fourrages.

Rive droite de la Seine : le Capitaine Adjudant de Place............... COTEAU.
Rive gauche : le Capitaine Adjudant de Place .... CORDIEZ.

Du 28 au 29 Vendémiaire.

Adjudant de Place de service à l'État-major .... VILLERS.
Adjudant de Place de ronde de nuit............................... CORDIEZ.

Visite aux Casernes, Prisons, Hôpital, et distribution de fourrages.

Rive droite de la Seine : le Capitaine Adjudant de Place............... CORDIEZ.
Rive gauche : le Capitaine Adjudant de Place .... CARON.

Rien de nouveau.

Le Général de Brigade, Chef de l'État-major général du Gouvernement de Paris et de la première Division militaire,

CÉSAR BERTHIER.

Pour copie conforme :

L'Adjudant-commandant, Sous-chef de l'État-major général du Gouvernement de Paris,

DOUCET.

ÉTAT-MAJOR
DU GOUVERNEMENT DE PARIS.

ORDRE du 28 Vendémiaire an 13.

SERVICE DE L'ÉTAT-MAJOR DU GOUVERNEMENT DE PARIS.

Du 28 au 29 Vendémiaire.

Adjudant de Place de service à l'État-major .... VILLERS.
Adjudant de Place de ronde de nuit................................ CORDIEZ.

Visite aux Casernes, Prisons, Hôpital, et distribution de fourrages.

Rive droite de la Seine : le Capitaine Adjudant de Place................ CORDIEZ.
Rive gauche : le Capitaine Adjudant de Place....................... CARON.

Du 29 au 30 Vendémiaire.

Adjudant de Place de service à l'État-major .... GRAILLARD.
Adjudant de Place de ronde de nuit................................ CARON.

Visite aux Casernes, Prisons, Hôpital, et distribution de fourrages.

Rive droite de la Seine : le Capitaine Adjudant de Place................ CARON.
Rive gauche : le Capitaine Adjudant de Place....................... VILLERS.

Rien de nouveau.

Le Général de Brigade, Chef de l'État-major général du Gouvernement de Paris et de la première Division militaire,

CÉSAR BERTHIER.

Pour copie conforme :

L'Adjudant-commandant, Sous-chef de l'État-major général du Gouvernement de Paris,

DOUCET.

ÉTAT-MAJOR
DU GOUVERNEMENT DE PARIS.

ORDRE du 29 Vendémiaire an 13.

SERVICE DE L'ÉTAT-MAJOR DU GOUVERNEMENT DE PARIS.

Du 29 au 30 Vendémiaire.

Adjudant de Place de service à l'État-major .... SANSON.
Adjudant de Place de ronde de nuit.............................. CARON.

Visite aux Casernes, Prisons, Hôpital, et distribution de fourrages.

Rive droite de la Seine : le Capitaine Adjudant de Place............... CARON.
Rive gauche : le Capitaine Adjudant de Place .... VILLERS.

Du 30 Vendémiaire au 1.er Brumaire.

Adjudant de Place de service à l'État-major .... VIART.
Adjudant de Place de ronde de nuit.............................. VILLERS.

Visite aux Casernes, Prisons, Hôpital, et distribution de fourrages.

Rive droite de la Seine : le Capitaine Adjudant de Place............... VILLERS.
Rive gauche : le Lieutenant Adjudant de Place .... SANSON.

Rien de nouveau.

Le Général de Brigade, Chef de l'État-major général du Gouvernement de Paris et de la première Division militaire,

CÉSAR BERTHIER.

Pour copie conforme :

L'Adjudant-commandant, Sous-chef de l'État-major général du Gouvernement de Paris,

DOUCET.

ÉTAT-MAJOR
DU GOUVERNEMENT DE PARIS.

ORDRE du 30 Vendémiaire an 13.

SERVICE DE L'ÉTAT-MAJOR DU GOUVERNEMENT DE PARIS.

Du 30 Vendémiaire au 1.er Brumaire.

Adjudant de Place de service à l'État-major .... VIART.
Adjudant de Place de ronde de nuit .... VILLERS.

Visite aux Casernes, Prisons, Hôpital, et distribution de fourrages.

Rive droite de la Seine : le Capitaine Adjudant de Place .... VILLERS.
Rive gauche : le Lieutenant Adjudant de Place .... SANSON.

Du 1.er au 2 Brumaire.

Adjudant de Place de service à l'État-major .... COTEAU.
Adjudant de Place de ronde de nuit .... SANSON.

Visite aux Casernes, Prisons, Hôpital, et distribution de fourrages.

Rive droite de la Seine : le Lieutenant Adjudant de Place .... SANSON.
Rive gauche : le Capitaine Adjudant de Place .... VIART.

Corvées.

Le 18.e Régiment d'Infanterie de ligne, fournira tous les hommes de corvée nécessaires aux travaux du dépôt central de l'Artillerie, du 1.er au 30 Brumaire prochain inclusivement, sur la réquisition particulière du Général *Saint-Laurent*, Directeur dudit dépôt.

Le Général de Brigade, Chef de l'État-major général du Gouvernement de Paris et de la première Division militaire,

CÉSAR BERTHIER.

Pour copie conforme :

L'Adjudant-commandant, Sous-chef de l'État-major général du Gouvernement de Paris

DOUCET.

ÉTAT-MAJOR
DU GOUVERNEMENT DE PARIS.

ORDRE du 1.er Brumaire an 13.

SERVICE DE L'ÉTAT-MAJOR DU GOUVERNEMENT DE PARIS.

Du 1.er au 2 Brumaire.

Adjudant de Place de service à l'État-major.................... COTEAU.
Adjudant de Place de ronde de nuit............................ SANSON.

Visite aux Casernes, Prisons, Hôpital, et distribution de fourrages.

Rive droite de la Seine : le Lieutenant Adjudant de Place............. SANSON.
Rive gauche : le Capitaine Adjudant de Place....................... VIART.

Du 2 au 3 Brumaire.

Adjudant de Place de service à l'État-major.................... CORDIEZ.
Adjudant de Place de ronde de nuit............................ VIART.

Visite aux Casernes, Prisons, Hôpital, et distribution de fourrages.

Rive droite de la Seine : le Capitaine Adjudant de Place............. VIART.
Rive gauche : le Lieutenant Adjudant de Place.................... COTEAU.

Rien de nouveau.

Le Général de Brigade, Chef de l'État-major général du Gouvernement de Paris et de la première Division militaire,

CÉSAR BERTHIER.

Pour copie conforme :

L'Adjudant-commandant, Sous-chef de l'État-major général du Gouvernement de Paris,

DOUCET.

ÉTAT-MAJOR
DU GOUVERNEMENT DE PARIS.

ORDRE du 2 Brumaire an 13.

SERVICE DE L'ÉTAT-MAJOR DU GOUVERNEMENT DE PARIS.

Du 2 au 3 Brumaire.

Adjudant de Place de service à l'État-major	CORDIEZ.
Adjudant de Place de ronde de nuit	VIART.

Visite aux Casernes, Prisons, Hôpital, et distribution de fourrages.

Rive droite de la Seine : le Capitaine Adjudant de Place	VIART.
Rive gauche : le Capitaine Adjudant de Place	COTEAU.

Du 3 au 4 Brumaire.

Adjudant de Place de service à l'État-major	CARON.
Adjudant de Place de ronde de nuit	COTEAU.

Visite aux Casernes, Prisons, Hôpital, et distribution de fourrages.

Rive droite de la Seine : le Capitaine Adjudant de Place	COTEAU.
Rive gauche : le Capitaine Adjudant de Place	CORDIEZ.

Rien de nouveau.

Le Général de Brigade, Chef de l'État-major général du Gouvernement de Paris et de la première Division militaire,

CÉSAR BERTHIER.

Pour copie conforme :

L'Adjudant-commandant, Sous-chef de l'État-major général du Gouvernement de Paris,

DOUCET.

ÉTAT-MAJOR
DU GOUVERNEMENT DE PARIS.

ORDRE du 3 Brumaire an 13.

SERVICE DE L'ÉTAT-MAJOR DU GOUVERNEMENT DE PARIS.

Du 3 au 4 Brumaire.

Adjudant de Place de service à l'État-major...................... CARON.
Adjudant de Place de ronde de nuit................................ COTEAU.

Visite aux Casernes, Prisons, Hôpital, et distribution de fourrages.

Rive droite de la Seine : le Capitaine Adjudant de Place............... COTEAU.
Rive gauche : le Capitaine Adjudant de Place...................... CORDIEZ.

Du 4 au 5 Brumaire.

Adjudant de Place de service à l'État-major...................... VILLERS.
Adjudant de Place de ronde de nuit................................ CORDIEZ.

Visite aux Casernes, Prisons, Hôpital, et distribution de fourrages.

Rive droite de la Seine : le Capitaine Adjudant de Place............... CORDIEZ.
Rive gauche : le Capitaine Adjudant de Place...................... CARON.

Rien de nouveau.

Le Général de Brigade, Chef de l'État-major général du Gouvernement de Paris et de la première Division militaire,

CÉSAR BERTHIER.

Pour copie conforme :

L'Adjudant-commandant, Sous-chef de l'État-major général du Gouvernement de Paris,

DOUCET.

ÉTAT-MAJOR
DU GOUVERNEMENT DE PARIS.

Ordre du 4 Brumaire an 13.

SERVICE DE L'ÉTAT-MAJOR DU GOUVERNEMENT DE PARIS.

Du 4 au 5 Brumaire.

Adjudant de Place de service à l'État-major.......................... Villers.
Adjudant de Place de ronde de nuit................................. Cordiez.

Visite aux Casernes, Prisons, Hôpital, et distribution de fourrages.

Rive droite de la Seine : le Capitaine Adjudant de Place................ Cordiez.
Rive gauche : le Capitaine Adjudant de Place........................ Caron.

Du 5 au 6 Brumaire.

Adjudant de Place de service à l'État-major.......................... Graillard.
Adjudant de Place de ronde de nuit................................. Caron.

Visite aux Casernes, Prisons, Hôpital, et distribution de fourrages.

Rive droite de la Seine : le Capitaine Adjudant de Place................ Caron.
Rive gauche : le Capitaine Adjudant de Place........................ Villers.

Retraite.

A compter de ce jour, la retraite sera battue dans toutes les casernes et postes de la Place où il y a un tambour, à sept heures précises du soir.

Le Général de Brigade, Chef de l'État-major général du Gouvernement de Paris et de la première Division militaire,

César BERTHIER.

Pour copie conforme :

L'Adjudant-commandant, Sous-chef de l'État-major général du Gouvernement de Paris,

DOUCET.

ETAT-MAJOR
DU GOUVERNEMENT DE PARIS.

ORDRE du 5 Brumaire an 13.

SERVICE DE L'ÉTAT-MAJOR DU GOUVERNEMENT DE PARIS.

Du 5 au 6 Brumaire.

Adjudant de Place de service à l'État-major..................... GRAILLARD.
Adjudant de Place de ronde de nuit................................ CARON.

Visite aux Casernes, Prisons, Hôpital, et distribution de fourrages.

Rive droite de la Seine : le Capitaine Adjudant de Place................ CARON.
Rive gauche : le Capitaine Adjudant de Place........................ VILLERS.

Du 6 au 7 Brumaire.

Adjudant de Place de service à l'État-major..................... VIART.
Adjudant de Place de ronde de nuit................................ VILLERS.

Visite aux Casernes, Prisons, Hôpital, et distribution de fourrages.

Rive droite de la Seine : le Capitaine Adjudant de Place................ VILLERS.
Rive gauche : le Capitaine Adjudant de Place........................ GRAILLARD.

Rien de nouveau.

Le Général de Brigade, Chef de l'État-major général du Gouvernement de Paris et de la première Division militaire,

CÉSAR BERTHIER.

Pour copie conforme :

L'Adjudant-commandant, Sous-chef de l'État-major général du Gouvernement de Paris,

DOUCET.

ÉTAT-MAJOR
DU GOUVERNEMENT DE PARIS.

Ordre du 6 Brumaire an 13.

SERVICE DE L'ÉTAT-MAJOR DU GOUVERNEMENT DE PARIS.

Du 6 au 7 Brumaire.

Adjudant de Place de service à l'État-major .... VIART.
Adjudant de Place de ronde de nuit .... VILLERS.

Visite aux Casernes, Prisons, Hôpital, et distribution de fourrages.

Rive droite de la Seine : le Capitaine Adjudant de Place .... VILLERS.
Rive gauche : le Capitaine Adjudant de Place .... GRAILLARD.

Du 7 au 8 Brumaire.

Adjudant de Place de service à l'État-major .... COTEAU.
Adjudant de Place de ronde de nuit .... GRAILLARD.

Visite aux Casernes, Prisons, Hôpital, et distribution de fourrages.

Rive droite de la Seine : le Capitaine Adjudant de Place .... GRAILLARD.
Rive gauche : le Capitaine Adjudant de Place .... VIART.

Rien de nouveau.

Le Général de Brigade, Chef de l'État-major général du Gouvernement de Paris et de la première Division militaire,

César BERTHIER.

Pour copie conforme :

L'Adjudant-commandant, Sous-chef de l'État-major général du Gouvernement de Paris,

DOUCET.

ÉTAT-MAJOR
DU GOUVERNEMENT DE PARIS.

ORDRE du 7 Brumaire an 13.

SERVICE DE L'ÉTAT-MAJOR DU GOUVERNEMENT DE PARIS.

Du 7 au 8 Brumaire.

Adjudant de Place de service à l'État-major...................... COTEAU.
Adjudant de Place de ronde de nuit............................. GRAILLARD.

Visite aux Casernes, Prisons, Hôpital, et distribution de fourrages.

Rive droite de la Seine : le Capitaine Adjudant de Place............... GRAILLARD.
Rive gauche : le Capitaine Adjudant de Place...................... VIART.

Du 8 au 9 Brumaire.

Adjudant de Place de service à l'État-major...................... CORDIEZ.
Adjudant de Place de ronde de nuit............................. VIART.

Visite aux Casernes, Prisons, Hôpital, et distribution de fourrages.

Rive droite de la Seine : le Capitaine Adjudant de Place............... VIART.
Rive gauche : le Capitaine Adjudant de Place...................... COTEAU.

Rien de nouveau.

Le Général de Brigade, Chef de l'État-major général du Gouvernement de Paris
et de la première Division militaire,

CÉSAR BERTHIER.

Pour copie conforme :

L'Adjudant-commandant, Sous-chef de l'État-major général du Gouvernement de Paris,

DOUCET.

ÉTAT-MAJOR
DU GOUVERNEMENT DE PARIS.

ORDRE du 8 Brumaire an 13.

SERVICE DE L'ÉTAT-MAJOR DU GOUVERNEMENT DE PARIS.

Du 8 au 9 Brumaire.

Adjudant de Place de service à l'État-major.......................... CORDIEZ.
Adjudant de Place de ronde de nuit.................................. VIART.

Visite aux Casernes, Prisons, Hôpital, et distribution de fourrages.

Rive droite de la Seine : le Capitaine Adjudant de Place................ VIART.
Rive gauche : le Capitaine Adjudant de Place........................ COTEAU.

Du 9 au 10 Brumaire.

Adjudant de Place de service à l'État-major.......................... CARON.
Adjudant de Place de ronde de nuit.................................. COTEAU.

Visite aux Casernes, Prisons, Hôpital, et distribution de fourrages.

Rive droite de la Seine : le Capitaine Adjudant de Place................ COTEAU.
Rive gauche : le Capitaine Adjudant de Place........................ CORDIEZ.

Rien de nouveau.

Le Général de Brigade, Chef de l'État-major général du Gouvernement de Paris et de la première Division militaire,

CÉSAR BERTHIER.

Pour copie conforme :

L'Adjudant-commandant, Sous-chef de l'État-major général du Gouvernement de Paris,

DOUCET.

ÉTAT-MAJOR
DU GOUVERNEMENT DE PARIS.

ORDRE du 9 Brumaire an 13.

SERVICE DE L'ÉTAT-MAJOR DU GOUVERNEMENT DE PARIS.

Du 9 au 10 Brumaire.

Adjudant de Place de service à l'État-major	CARON.
Adjudant de Place de ronde de nuit	COTEAU.

Visite aux Casernes, Prisons, Hôpital, et distribution de fourrages.

Rive droite de la Seine : le Capitaine Adjudant de Place	COTEAU.
Rive gauche : le Capitaine Adjudant de Place	CORDIEZ.

Du 10 au 11 Brumaire.

Adjudant de Place de service à l'État-major	VILLERS.
Adjudant de Place de ronde de nuit	CORDIEZ.

Visite aux Casernes, Prisons, Hôpital, et distribution de fourrages.

Rive droite de la Seine : le Capitaine Adjudant de Place	CORDIEZ.
Rive gauche : le Capitaine Adjudant de Place	CARON.

Rien de nouveau.

Le Général de Brigade, Chef de l'État-major du Gouvernement de Paris et de la première Division militaire,

CÉSAR BERTHIER.

Pour copie conforme :

L'Adjudant-commandant, Sous-chef de l'État-major du Gouvernement de Paris,

DOUCET.

ÉTAT-MAJOR
DU GOUVERNEMENT DE PARIS.

 ORDRE du 10 Brumaire an 13.

SERVICE DE L'ÉTAT-MAJOR DU GOUVERNEMENT DE PARIS.

Du 10 au 11 Brumaire.

Adjudant de Place de service à l'État-major........................ VILLERS.
Adjudant de Place de ronde de nuit................................ CORDIEZ.

Visite aux Casernes, Prisons, Hôpital, et distribution de fourrages.

Rive droite de la Seine : le Capitaine Adjudant de Place.............. CORDIEZ.
Rive gauche : le Capitaine Adjudant de Place....................... CARON.

Du 11 au 12 Brumaire.

Adjudant de Place de service à l'État-major........................ GRAILLARD.
Adjudant de Place de ronde de nuit................................ CARON.

Visite aux Casernes, Prisons, Hôpital, et distribution de fourrages.

Rive droite de la Seine : le Capitaine Adjudant de Place.............. CARON.
Rive gauche : le Capitaine Adjudant de Place....................... VILLERS.

Rien de nouveau.

Le Général de Brigade, Chef de l'État-major général du Gouvernement de Paris et de la première Division militaire,

CÉSAR BERTHIER.

Pour copie conforme :

L'Adjudant-commandant, Sous-chef de l'État-major général du Gouvernement de Paris,

DOUCET.

ÉTAT-MAJOR
DU GOUVERNEMENT DE PARIS.

ORDRE du 11 Brumaire an 13.

SERVICE DE L'ÉTAT-MAJOR DU GOUVERNEMENT DE PARIS.

Du 11 au 12 Brumaire.

Adjudant de Place de service à l'État-major	GRAILLARD.
Adjudant de Place de ronde de nuit	CARON.

Visite aux Casernes, Prisons, Hôpital, et distribution de fourrages.

Rive droite de la Seine : le Capitaine Adjudant de Place	CARON.
Rive gauche : le Capitaine Adjudant de Place	VILLERS.

Du 12 au 13 Brumaire.

Adjudant de Place de service à l'État-major	SANSON.
Adjudant de Place de ronde de nuit	VILLERS.

Visite aux Casernes, Prisons, Hôpital, et distribution de fourrages.

Rive droite de la Seine : le Capitaine Adjudant de Place	VILLERS.
Rive gauche : le Capitaine Adjudant de Place	GRAILLARD.

Rien de nouveau.

Le Général de Brigade, Chef de l'État-major général du Gouvernement de Paris et de la première Division militaire,

CÉSAR BERTHIER.

Pour copie conforme :

L'Adjudant-commandant, Sous-chef de l'État-major général du Gouvernement de Paris,

DOUCET.

ÉTAT-MAJOR
DU GOUVERNEMENT DE PARIS.

ORDRE du 12 Brumaire an 13.

SERVICE DE L'ÉTAT-MAJOR DU GOUVERNEMENT DE PARIS.

Du 12 au 13 Brumaire.

Adjudant de Place de service à l'État-major....................... SANSON.
Adjudant de Place de ronde de nuit............................... VILLERS.

Visite aux Casernes, Prisons, Hôpital, et distribution de fourrages.

Rive droite de la Seine : le Capitaine Adjudant de Place............... VILLERS.
Rive gauche : le Capitaine Adjudant de Place....................... GRAILLARD.

Du 13 au 14 Brumaire.

Adjudant de Place de service à l'État-major....................... COTEAU.
Adjudant de Place de ronde de nuit............................... GRAILLARD.

Visite aux Casernes, Prisons, Hôpital, et distribution de fourrages.

Rive droite de la Seine : le Capitaine Adjudant de Place............... GRAILLARD.
Rive gauche : le Lieutenant Adjudant de Place..................... SANSON.

Rien de nouveau.

Le Général de Brigade, Chef de l'État-major général du Gouvernement de Paris et de la première Division militaire,

CÉSAR BERTHIER.

Pour copie conforme :

L'Adjudant-commandant, Sous-chef de l'État-major général du Gouvernement de Paris,

DOUCET.

ÉTAT-MAJOR
DU GOUVERNEMENT DE PARIS.

ORDRE du 13 Brumaire an 13.

SERVICE DE L'ÉTAT-MAJOR DU GOUVERNEMENT DE PARIS.

Du 13 au 14 Brumaire.

Adjudant de Place de service à l'État-major .... COTEAU.
Adjudant de Place de ronde de nuit .... GRAILLARD.

Visite aux Casernes, Prisons, Hôpital, et distribution de fourrages.

Rive droite de la Seine : le Capitaine Adjudant de Place .... GRAILLARD.
Rive gauche : le Lieutenant Adjudant de Place .... SANSON.

Du 14 au 15 Brumaire.

Adjudant de Place de service à l'État-major .... CORDIEZ.
Adjudant de Place de ronde de nuit .... SANSON.

Visite aux Casernes, Prisons, Hôpital, et distribution de fourrages.

Rive droite de la Seine : le Lieutenant Adjudant de Place .... SANSON.
Rive gauche : le Capitaine Adjudant de Place .... COTEAU.

ORDRE GÉNÉRAL.

M. le Maréchal Gouverneur de Paris ordonne à M. le Général, Chef de l'État-major général du Gouvernement, et de la 1.re Division militaire, de faire dans la répartition du service des troupes de la garnison de Paris, y comprenant les corps de la Garde municipale, les dispositions nécessaires pour que toutes les troupes qui la composent, aient au moins cinq nuits de repos, comme toutes les troupes de l'Empire.

Les corps de la Garde municipale sont prévenus que M. le Maréchal Gouverneur en passera incessamment une revue de rigueur.

Les Colonels de ces Corps sont en conséquence invités à faire leurs dispositions préparatoires, afin de les mettre à même de rendre un compte favorable à S. M. l'Empereur.

Le Général de Brigade, Chef de l'État-major général du Gouvernement de Paris et de la première Division militaire,

CÉSAR BERTHIER.

Pour copie conforme :

L'Adjudant-commandant, Sous-chef de l'État-major général du Gouvernement de Paris,

DOUCET.

ÉTAT-MAJOR
DU GOUVERNEMENT DE PARIS.

ORDRE du 14 Brumaire an 13.

SERVICE DE L'ÉTAT-MAJOR DU GOUVERNEMENT DE PARIS.

Du 14 au 15 Brumaire.

Adjudant de Place de service à l'État-major .... CORDIEZ.
Adjudant de Place de ronde de nuit................................ SANSON.

Visite aux Casernes, Prisons, Hôpital, et distribution de fourrages.

Rive droite de la Seine : le Lieutenant Adjudant de Place .... SANSON.
Rive gauche : le Capitaine Adjudant de Place........................ COTEAU.

Du 15 au 16 Brumaire.

Adjudant de Place de service à l'État-major .... CARON.
Adjudant de Place de ronde de nuit................................ COTEAU.

Visite aux Casernes, Prisons, Hôpital, et distribution de fourrages.

Rive droite de la Seine : le Capitaine Adjudant de Place............... COTEAU.
Rive gauche : le Capitaine Adjudant de Place....................... CORDIEZ.

Rien de nouveau.

Le Général de Brigade, Chef de l'État-major général du Gouvernement de Paris et de la première Division militaire,

CÉSAR BERTHIER.

Pour copie conforme :

L'Adjudant-commandant, Sous-chef de l'État-major général du Gouvernement de Paris,

DOUCET.

ÉTAT-MAJOR
DU GOUVERNEMENT DE PARIS.

ORDRE du 15 Brumaire an 13.

SERVICE DE L'ÉTAT-MAJOR DU GOUVERNEMENT DE PARIS.

Du 15 au 16 Brumaire.

Adjudant de Place de service à l'État-major........................ CARON.
Adjudant de Place de ronde de nuit................................. COTEAU.

Visite aux Casernes, Prisons, Hôpital, et distribution de fourrages.

Rive droite de la Seine : le Capitaine Adjudant de Place........... COTEAU.
Rive gauche : le Capitaine Adjudant de Place....................... CORDIEZ.

Du 16 au 17 Brumaire.

Adjudant de Place de service à l'État-major........................ VILLERS.
Adjudant de Place de ronde de nuit................................. CORDIEZ.

Visite aux Casernes, Prisons, Hôpital, et distribution de fourrages.

Rive droite de la Seine : le Capitaine Adjudant de Place........... CORDIEZ.
Rive gauche : le Capitaine Adjudant de Place....................... CARON.

Rien de nouveau.

Le Général de Brigade, Chef de l'État-major général du Gouvernement de Paris et de la première Division militaire,

CÉSAR BERTHIER.

Pour copie conforme :

L'Adjudant-commandant, Sous-chef de l'État-major général du Gouvernement de Paris,

DOUCET.

ÉTAT-MAJOR
DU GOUVERNEMENT DE PARIS.

ORDRE du 16 Brumaire an 13.

SERVICE DE L'ÉTAT-MAJOR DU GOUVERNEMENT DE PARIS.

Du 16 au 17 Brumaire.

Adjudant de Place de service à l'État-major.................... VILLERS.
Adjudant de Place de ronde de nuit............................. CORDIEZ.

Visite aux Casernes, Prisons, Hôpital, et distribution de fourrages.

Rive droite de la Seine : le Capitaine Adjudant de Place................ CORDIEZ.
Rive gauche : le Capitaine Adjudant de Place....................... CARON.

Du 17 au 18 Brumaire.

Adjudant de Place de service à l'État-major.................... GRAILLARD.
Adjudant de Place de ronde de nuit............................. CARON.

Visite aux Casernes, Prisons, Hôpital, et distribution de fourrages.

Rive droite de la Seine : le Capitaine Adjudant de Place................ CARON.
Rive gauche : le Capitaine Adjudant de Place....................... VILLERS.

Rien de nouveau.

Le Général de Brigade, Chef de l'État-major général du Gouvernement de Paris et de la première Division militaire,
CÉSAR BERTHIER.

Pour copie conforme :

L'Adjudant-commandant, Sous-chef de l'État-major général du Gouvernement de Paris;
DOUCET.

ÉTAT-MAJOR
DU GOUVERNEMENT DE PARIS.

ORDRE du 17 Brumaire an 13.

SERVICE DE L'ÉTAT-MAJOR DU GOUVERNEMENT DE PARIS.

Du 17 au 18 Brumaire.

Adjudant de Place de service à l'État-major.......................... GRAILLARD.
Adjudant de Place de ronde de nuit................................ CARON.

Visite aux Casernes, Prisons, Hôpital, et distribution de fourrages.

Rive droite de la Seine : le Capitaine Adjudant de Place................ CARON.
Rive gauche : le Capitaine Adjudant de Place........................ VILLERS.

Du 18 au 19 Brumaire.

Adjudant de Place de service à l'État-major.......................... SANSON.
Adjudant de Place de ronde de nuit................................ VILLERS.

Visite aux Casernes, Prisons, Hôpital, et distribution de fourrages.

Rive droite de la Seine : le Capitaine Adjudant de Place................ VILLERS.
Rive gauche : le Capitaine Adjudant de Place........................ GRAILLARD.

Rien de nouveau.

Le Général de Brigade, Chef de l'État-major général du Gouvernement de Paris et de la première Division militaire,

CÉSAR BERTHIER.

Pour copie conforme :

L'Adjudant-commandant, Sous-chef de l'État-major général du Gouvernement de Paris,

DOUCET.

ÉTAT-MAJOR
DU GOUVERNEMENT DE PARIS.

Ordre du 18 Brumaire an 13.

SERVICE DE L'ÉTAT-MAJOR DU GOUVERNEMENT DE PARIS.

Du 18 au 19 Brumaire.

Adjudant de Place de service à l'État-major .... Sanson.
Adjudant de Place de ronde de nuit .... Villers.

Visite aux Casernes, Prisons, Hôpital, et distribution de fourrages.

Rive droite de la Seine : le Capitaine Adjudant de Place .... Villers.
Rive gauche : le Capitaine Adjudant de Place .... Graillard.

Du 19 au 20 Brumaire.

Adjudant de Place de service à l'État-major .... Viart.
Adjudant de Place de ronde de nuit .... Graillard.

Visite aux Casernes, Prisons, Hôpital, et distribution de fourrages.

Rive droite de la Seine : le Capitaine Adjudant de Place .... Graillard.
Rive gauche : le Lieutenant Adjudant de Place .... Sanson.

Rien de nouveau.

Le Général de Brigade, Chef de l'État-major général du Gouvernement de Paris et de la première Division militaire,

César BERTHIER.

Pour copie conforme :

L'Adjudant-commandant, Sous-chef de l'État-major général du Gouvernement de Paris,

DOUCET.

ÉTAT-MAJOR
DU GOUVERNEMENT DE PARIS.

ORDRE du 19 Brumaire an 13.

SERVICE DE L'ÉTAT-MAJOR DU GOUVERNEMENT DE PARIS.

Du 19 au 20 Brumaire.

Adjudant de Place de service à l'État-major...................... VIART.
Adjudant de Place de ronde de nuit................................ GRAILLARD.

Visite aux Casernes, Prisons, Hôpital, et distribution de fourrages.

Rive droite de la Seine : le Capitaine Adjudant de Place............... GRAILLARD.
Rive gauche : le Lieutenant Adjudant de Place....................... SANSON.

Du 20 au 21 Brumaire.

Adjudant de Place de service à l'État-major...................... CORDIEZ.
Adjudant de Place de ronde de nuit................................ SANSON.

Visite aux Casernes, Prisons, Hôpital, et distribution de fourrages.

Rive droite de la Seine : le Lieutenant Adjudant de Place............... SANSON.
Rive gauche : le Capitaine Adjudant de Place....................... VIART.

Rien de nouveau.

Le Général de Brigade, Chef de l'État-major général du Gouvernement de Paris et de la première Division militaire,

CÉSAR BERTHIER.

Pour copie conforme :

L'Adjudant-commandant, Sous-chef de l'État-major général du Gouvernement de Paris,

DOUCET.

ÉTAT-MAJOR
DU GOUVERNEMENT DE PARIS.

ORDRE du 20 Brumaire an 13.

SERVICE DE L'ÉTAT-MAJOR DU GOUVERNEMENT DE PARIS.

Du 20 au 21 Brumaire.

Adjudant de Place de service à l'État-major...................... CORDIEZ.
Adjudant de Place de ronde de nuit................................ SANSON.

Visite aux Casernes, Prisons, Hôpital, et distribution de fourrages.

Rive droite de la Seine : le Lieutenant Adjudant de Place.............. SANSON.
Rive gauche : le Capitaine Adjudant de Place........................ VIART.

Du 21 au 22 Brumaire.

Adjudant de Place de service à l'État-major...................... CARON.
Adjudant de Place de ronde de nuit................................ VIART.

Visite aux Casernes, Prisons, Hôpital, et distribution de fourrages.

Rive droite de la Seine : le Capitaine Adjudant de Place.............. VIART.
Rive gauche : le Capitaine Adjudant de Place........................ CORDIEZ.

Rien de nouveau.

Le Général de Brigade, Chef de l'État-major général du Gouvernement de Paris et de la première Division militaire,

CÉSAR BERTHIER.

Pour copie conforme :

L'Adjudant-commandant, Sous-chef de l'État-major général du Gouvernement de Paris,

DOUCET.

ÉTAT-MAJOR
DU GOUVERNEMENT DE PARIS.

ORDRE du 21 Brumaire an 13.

SERVICE DE L'ÉTAT-MAJOR DU GOUVERNEMENT DE PARIS.

Du 21 au 22 Brumaire.

Adjudant de Place de service à l'État-major..................	CARON.
Adjudant de Place de ronde de nuit...........................	VIART.

Visite aux Casernes, Prisons, Hôpital, et distribution de fourrages.

Rive droite de la Seine : le Capitaine Adjudant de Place............	VIART.
Rive gauche : le Capitaine Adjudant de Place.....................	CORDIEZ.

Du 22 au 23 Brumaire.

Adjudant de Place de service à l'État-major..................	VILLERS.
Adjudant de Place de ronde de nuit...........................	CORDIEZ.

Visite aux Casernes, Prisons, Hôpital, et distribution de fourrages.

Rive droite de la Seine : le Capitaine Adjudant de Place............	CORDIEZ.
Rive gauche : le Capitaine Adjudant de Place.....................	CARON.

Rien de nouveau.

Le Général de Brigade, Chef de l'État-major général du Gouvernement de Paris et de la première Division militaire,

CÉSAR BERTHIER.

Pour copie conforme :

L'Adjudant-commandant, Sous-chef de l'État-major général du Gouvernement de Paris,

DOUCET.

ÉTAT-MAJOR
DU GOUVERNEMENT DE PARIS.

ORDRE du 22 Brumaire an 13.

SERVICE DE L'ÉTAT-MAJOR DU GOUVERNEMENT DE PARIS.

Du 22 au 23 Brumaire.

Adjudant de Place de service à l'État-major .... VILLERS.
Adjudant de Place de ronde de nuit .... CORDIEZ.

Visite aux Casernes, Prisons, Hôpital, et distribution de fourrages.

Rive droite de la Seine : le Capitaine Adjudant de Place................ CORDIEZ.
Rive gauche : le Capitaine Adjudant de Place........................ CARON.

Du 23 au 24 Brumaire.

Adjudant de Place de service à l'État-major .... GRAILLARD.
Adjudant de Place de ronde de nuit .... CARON.

Visite aux Casernes, Prisons, Hôpital, et distribution de fourrages.

Rive droite de la Seine : le Capitaine Adjudant de Place................ CARON.
Rive gauche : le Capitaine Adjudant de Place........................ VILLERS.

Rien de nouveau.

Le Général de Brigade, Chef de l'État-major général du Gouvernement de Paris et de la première Division militaire,

CÉSAR BERTHIER.

Pour copie conforme :

L'Adjudant-commandant, Sous-chef de l'État-major général du Gouvernement de Paris,

DOUCET.

ÉTAT-MAJOR
DU GOUVERNEMENT DE PARIS.

ORDRE du 23 Brumaire an 13.

SERVICE DE L'ÉTAT-MAJOR DU GOUVERNEMENT DE PARIS.

Du 23 au 24 Brumaire.

Adjudant de Place de service à l'État-major.................... GRAILLARD.
Adjudant de Place de ronde de nuit............................. CARON.

Visite aux Casernes, Prisons, Hôpital, et distribution de fourrages.

Rive droite de la Seine : le Capitaine Adjudant de Place................ CARON.
Rive gauche : le Capitaine Adjudant de Place......................... VILLERS.

Du 24 au 25 Brumaire.

Adjudant de Place de service à l'État-major.................... SANSON.
Adjudant de Place de ronde de nuit............................. VILLERS.

Visite aux Casernes, Prisons, Hôpital, et distribution de fourrages.

Rive droite de la Seine : le Capitaine Adjudant de Place................ VILLERS.
Rive gauche : le Capitaine Adjudant de Place......................... GRAILLARD.

Rien de nouveau.

Le Général de Brigade, Chef de l'État-major général du Gouvernement de Paris et de la première Division militaire,
CÉSAR BERTHIER.

Pour copie conforme :

L'Adjudant-commandant, Sous-chef de l'État-major général du Gouvernement de Paris;
DOUCET.

ÉTAT-MAJOR
DU GOUVERNEMENT DE PARIS.

ORDRE du 24 Brumaire an 13.

SERVICE DE L'ÉTAT-MAJOR DU GOUVERNEMENT DE PARIS.

Du 24 au 25 Brumaire.

Adjudant de Place de service à l'État-major.......................... SANSON.
Adjudant de Place de ronde de nuit................................ VILLERS.

Visite aux Casernes, Prisons, Hôpital, et distribution de fourrages.

Rive droite de la Seine : le Capitaine Adjudant de Place............... VILLERS.
Rive gauche : le Capitaine Adjudant de Place....................... GRAILLARD.

Du 25 au 26 Brumaire.

Adjudant de Place de service à l'État-major......................... VIART.
Adjudant de Place de ronde de nuit............................... GRAILLARD.

Visite aux Casernes, Prisons, Hôpital, et distribution de fourrages.

Rive droite de la Seine : le Capitaine Adjudant de Place.............. GRAILLARD.
Rive gauche : le Lieutenant Adjudant de Place...................... SANSON.

Rien de nouveau.

Le Général de Brigade, Chef de l'État-major général du Gouvernement de Paris et de la première Division militaire,
CÉSAR BERTHIER.

Pour copie conforme :
L'Adjudant-commandant, Sous-chef de l'État-major général du Gouvernement de Paris;
DOUCET.

ÉTAT-MAJOR
DU GOUVERNEMENT DE PARIS.

ORDRE du 25 Brumaire an 13.

SERVICE DE L'ÉTAT-MAJOR DU GOUVERNEMENT DE PARIS.

Du 25 au 26 Brumaire.

Adjudant de Place de service à l'État-major..................... VIART.
Adjudant de Place de ronde de nuit............................. GRAILLARD.

Visite aux Casernes, Prisons, Hôpital, et distribution de fourrages.

Rive droite de la Seine : le Capitaine Adjudant de Place............... GRAILLARD.
Rive gauche : le Lieutenant Adjudant de Place...................... SANSON.

Du 26 au 27 Brumaire.

Adjudant de Place de service à l'État-major..................... COTEAU.
Adjudant de Place de ronde de nuit............................. SANSON.

Visite aux Casernes, Prisons, Hôpital, et distribution de fourrages.

Rive droite de la Seine : le Lieutenant Adjudant de Place.............. SANSON.
Rive gauche : le Capitaine Adjudant de Place...................... VIART.

Rien de nouveau.

Le Général de Brigade, Chef de l'État-major général du Gouvernement de Paris et de la première Division militaire,
CÉSAR BERTHIER.

Pour copie conforme :

L'Adjudant-commandant, Sous-chef de l'État-major général du Gouvernement de Paris;
DOUCET.

ÉTAT-MAJOR
DU GOUVERNEMENT DE PARIS.

ORDRE du 26 Brumaire an 13.

SERVICE DE L'ÉTAT-MAJOR DU GOUVERNEMENT DE PARIS.

Du 26 au 27 Brumaire.

Adjudant de Place de service à l'État-major................................	COTEAU.
Adjudant de Place de ronde de nuit....................................	SANSON.

Visite aux Casernes, Prisons, Hôpital, et distribution de fourrages.

Rive droite de la Seine : le Lieutenant Adjudant de Place...............	SANSON.
Rive gauche : le Capitaine Adjudant de Place.......................	VIART.

Du 27 au 28 Brumaire.

Adjudant de Place de service à l'État-major...........................	CARON.
Adjudant de Place de ronde de nuit................................	VIART.

Visite aux Casernes, Prisons, Hôpital, et distribution de fourrages.

Rive droite de la Seine : le Capitaine Adjudant de Place................	VIART.
Rive gauche : le Capitaine Adjudant de Place.......................	COTEAU.

Rien de nouveau.

Le Général de Brigade, Chef de l'État-major général du Gouvernement de Paris et de la première Division militaire,

CÉSAR BERTHIER.

Pour copie conforme :

L'Adjudant-commandant, Sous-chef de l'État-major général du Gouvernement de Paris;

DOUCET.

ÉTAT-MAJOR
DU GOUVERNEMENT DE PARIS.

ORDRE du 27 Brumaire an 13.

SERVICE DE L'ÉTAT-MAJOR DU GOUVERNEMENT DE PARIS.

Du 27 au 28 Brumaire.

Adjudant de Place de service à l'État-major .... CARON.
Adjudant de Place de ronde de nuit .... VIART.

Visite aux Casernes, Prisons, Hôpital, et distribution de fourrages.

Rive droite de la Seine : le Capitaine Adjudant de Place .... VIART.
Rive gauche : le Capitaine Adjudant de Place .... COTEAU.

Du 28 au 29 Brumaire.

Adjudant de Place de service à l'État-major .... VILLERS.
Adjudant de Place de ronde de nuit .... COTEAU.

Visite aux Casernes, Prisons, Hôpital, et distribution de fourrages.

Rive droite de la Seine : le Capitaine Adjudant de Place .... COTEAU.
Rive gauche : le Capitaine Adjudant de Place .... CARON.

Rien de nouveau.

Le Général de Brigade, Chef de l'État-major général du Gouvernement de Paris et de la première Division militaire,

CÉSAR BERTHIER.

Pour copie conforme :

L'Adjudant-commandant, Sous-chef de l'État-major général du Gouvernement de Paris,

DOUCET.

ÉTAT-MAJOR
DU GOUVERNEMENT DE PARIS.

ORDRE du 28 Brumaire an 13.

SERVICE DE L'ÉTAT-MAJOR DU GOUVERNEMENT DE PARIS.

Du 28 au 29 Brumaire.

Adjudant de Place de service à l'État-major .... VILLERS.
Adjudant de Place de ronde de nuit..................................... COTEAU.

Visite aux Casernes, Prisons, Hôpital, et distribution de fourrages.

Rive droite de la Seine : le Capitaine Adjudant de Place................ COTEAU.
Rive gauche : le Capitaine Adjudant de Place........................... CARON.

Du 29 au 30 Brumaire.

Adjudant de Place de service à l'État-major .... GRAILLARD.
Adjudant de Place de ronde de nuit..................................... CARON.

Visite aux Casernes, Prisons, Hôpital, et distribution de fourrages.

Rive droite de la Seine : le Capitaine Adjudant de Place................ CARON.
Rive gauche : le Capitaine Adjudant de Place........................... VILLERS.

Rien de nouveau.

Le Général de Brigade, Chef de l'État-major général du Gouvernement de Paris et de la première Division militaire,

CÉSAR BERTHIER.

Pour copie conforme :

L'Adjudant-commandant, Sous-chef de l'État-major général du Gouvernement de Paris;

DOUCET.

ÉTAT-MAJOR
DU GOUVERNEMENT DE PARIS.

ORDRE du 29 Brumaire an 13.

SERVICE DE L'ÉTAT-MAJOR DU GOUVERNEMENT DE PARIS.

Du 29 au 30 Brumaire.

Adjudant de Place de service à l'État-major........................ GRAILLARD.
Adjudant de Place de ronde de nuit................................ CARON.

Visite aux Casernes, Prisons, Hôpital, et distribution de fourrages.

Rive droite de la Seine : le Capitaine Adjudant de Place................ CARON.
Rive gauche : le Capitaine Adjudant de Place....................... VILLERS.

Du 30 Brumaire au 1.er Frimaire.

Adjudant de Place de service à l'État-major........................ VIART.
Adjudant de Place de ronde de nuit................................ VILLERS.

Visite aux Casernes, Prisons, Hôpital, et distribution de fourrages.

Rive droite de la Seine : le Capitaine Adjudant de Place................ VILLERS.
Rive gauche : le Capitaine Adjudant de Place....................... GRAILLARD.

Rien de nouveau.

Le Général de Brigade, Chef de l'État-major général du Gouvernement de Paris et de la première Division militaire,

CÉSAR BERTHIER.

Pour copie conforme :

L'Adjudant-commandant, Sous-chef de l'État-major général du Gouvernement de Paris;

DOUCET.

ÉTAT-MAJOR
DU GOUVERNEMENT DE PARIS.

ORDRE du 30 Brumaire an 13.

SERVICE DE L'ÉTAT-MAJOR DU GOUVERNEMENT DE PARIS.

Du 30 Brumaire au 1.er Frimaire.

Adjudant de Place de service à l'État-major.................... SANSON.
Adjudant de Place de ronde de nuit............................. VILLERS.

Visite aux Casernes, Prisons, Hôpital, et distribution de fourrages.

Rive droite de la Seine : le Capitaine Adjudant de Place............... VILLERS.
Rive gauche : le Capitaine Adjudant de Place....................... GRAILLARD.

Du 1.er au 2 Frimaire.

Adjudant de Place de service à l'État-major........................ VIART.
Adjudant de Place de ronde de nuit............................... GRAILLARD.

Visite aux Casernes, Prisons, Hôpital, et distribution de fourrages.

Rive droite de la Seine : le Capitaine Adjudant de Place............... GRAILLARD.
Rive gauche : le Lieutenant Adjudant de Place...................... SANSON.

Corvées.

À compter de demain, 1.er frimaire, le quatrième régiment d'infanterie légère fournira tous les hommes de corvée nécessaires aux travaux du dépôt central de l'artillerie, sur la réquisition particulière du Général *Saint-Laurent,* Directeur dudit dépôt.

Le Général de Brigade, Chef de l'État-major général du Gouvernement de Paris et de la première Division militaire,

CÉSAR BERTHIER.

Pour copie conforme :

L'Adjudant-commandant, Sous-chef de l'État-major général du Gouvernement de Paris,

DOUCET.

ÉTAT-MAJOR
DU GOUVERNEMENT DE PARIS.

ORDRE du 1.er Frimaire an 13.

SERVICE DE L'ÉTAT-MAJOR DU GOUVERNEMENT DE PARIS.

Du 1.er au 2 Frimaire.

Adjudant de Place de service à l'État-major .... VIART.
Adjudant de Place de ronde de nuit................................. GRAILLARD.

Visite aux Casernes, Prisons, Hôpital, et distribution de fourrages.

Rive droite de la Seine : le Capitaine Adjudant de Place................ GRAILLARD.
Rive gauche : le Lieutenant Adjudant de Place........................ SANSON.

Du 2 au 3 Frimaire.

Adjudant de Place de service à l'État-major .... COTEAU.
Adjudant de Place de ronde de nuit................................. SANSON.

Visite aux Casernes, Prisons, Hôpital, et distribution de fourrages.

Rive droite de la Seine : le Lieutenant Adjudant de Place................ SANSON.
Rive gauche : le Capitaine Adjudant de Place........................ VIART.

Rien de nouveau.

Le Général de Brigade, Chef de l'État-major général du Gouvernement de Paris et de la première Division militaire,

CÉSAR BERTHIER.

Pour copie conforme :

L'Adjudant-commandant, Sous-chef de l'État-major général du Gouvernement de Paris;

DOUCET.

ÉTAT-MAJOR
DU GOUVERNEMENT DE PARIS.

ORDRE du 2 Frimaire an 13.

SERVICE DE L'ÉTAT-MAJOR DU GOUVERNEMENT DE PARIS.

Du 2 au 3 Frimaire.

Adjudant de Place de service à l'État-major...................... COTEAU.
Adjudant de Place de ronde de nuit............................... SANSON.

Visite aux Casernes, Prisons, Hôpital, et distribution de fourrages.

Rive droite de la Seine : le Lieutenant Adjudant de Place............ SANSON.
Rive gauche : le Capitaine Adjudant de Place...................... VIART.

Du 3 au 4 Frimaire.

Adjudant de Place de service à l'État-major...................... CORDIEZ.
Adjudant de Place de ronde de nuit............................... VIART.

Visite aux Casernes, Prisons, Hôpital, et distribution de fourrages.

Rive droite de la Seine : le Capitaine Adjudant de Place............ VIART.
Rive gauche : le Capitaine Adjudant de Place...................... COTEAU.

Rien de nouveau.

Le Général de Brigade, Chef de l'État-major général du Gouvernement de Paris et de la première Division militaire,
CÉSAR BERTHIER.

Pour copie conforme :

L'Adjudant-commandant, Sous-chef de l'État-major général du Gouvernement de Paris;
DOUCET.

ÉTAT-MAJOR
DU GOUVERNEMENT DE PARIS.

ORDRE du 3 Frimaire an 13.

SERVICE DE L'ÉTAT-MAJOR DU GOUVERNEMENT DE PARIS.

Du 3 au 4 Frimaire.

Adjudant de Place de service à l'État-major.................... CORDIEZ.
Adjudant de Place de ronde de nuit............................. VIART.

Visite aux Casernes, Prisons, Hôpital, et distribution de fourrages.

Rive droite de la Seine : le Capitaine Adjudant de Place........ VIART.
Rive gauche : le Capitaine Adjudant de Place................... COTEAU.

Du 4 au 5 Frimaire.

Adjudant de Place de service à l'État-major.................... VILLERS.
Adjudant de Place de ronde de nuit............................. COTEAU.

Visite aux Casernes, Prisons, Hôpital, et distribution de fourrages.

Rive droite de la Seine : le Capitaine Adjudant de Place........ COTEAU.
Rive gauche : le Capitaine Adjudant de Place................... CORDIEZ.

Rien de nouveau.

Le Général de Brigade, Chef de l'État-major général du Gouvernement de Paris et de la première Division militaire,

CÉSAR BERTHIER.

Pour copie conforme :

L'Adjudant-commandant, Sous-chef de l'État-major général du Gouvernement de Paris;

DOUCET.

ÉTAT-MAJOR
DU GOUVERNEMENT DE PARIS.

ORDRE du 4 Frimaire an 13.

SERVICE DE L'ÉTAT-MAJOR DU GOUVERNEMENT DE PARIS.

Du 4 au 5 Frimaire.

Adjudant de Place de service à l'État-major .... VILLERS.
Adjudant de Place de ronde de nuit................................. COTEAU.

Visite aux Casernes, Prisons, Hôpital, et distribution de fourrages.

Rive droite de la Seine : le Capitaine Adjudant de Place................ COTEAU.
Rive gauche : le Capitaine Adjudant de Place........................ CORDIEZ.

Du 5 au 6 Frimaire.

Adjudant de Place de service à l'État-major .... GRAILLARD.
Adjudant de Place de ronde de nuit................................. CORDIEZ.

Visite aux Casernes, Prisons, Hôpital, et distribution de fourrages.

Rive droite de la Seine : le Capitaine Adjudant de Place................ CORDIEZ.
Rive gauche : le Capitaine Adjudant de Place........................ VILLERS.

Rien de nouveau.

Le Général de Brigade, Chef de l'État-major général du Gouvernement de Paris et de la première Division militaire,

CÉSAR BERTHIER.

Pour copie conforme :

L'Adjudant-commandant, Sous-chef de l'État-major général du Gouvernement de Paris;

DOUCET.

ÉTAT-MAJOR
DU GOUVERNEMENT DE PARIS.

ORDRE du 5 Frimaire an 13.

SERVICE DE L'ÉTAT-MAJOR DU GOUVERNEMENT DE PARIS.

Du 5 au 6 Frimaire.

Adjudant de Place de service à l'État-major	GRAILLARD.
Adjudant de Place de ronde de nuit	CORDIEZ.

Visite aux Casernes, Prisons, Hôpital, et distribution de fourrages.

Rive droite de la Seine : le Capitaine Adjudant de Place	CORDIEZ.
Rive gauche : le Capitaine Adjudant de Place	VILLERS.

Du 6 au 7 Frimaire.

Adjudant de Place de service à l'État-major	SANSON.
Adjudant de Place de ronde de nuit	VILLERS.

Visite aux Casernes, Prisons, Hôpital, et distribution de fourrages.

Rive droite de la Seine : le Capitaine Adjudant de Place	VILLERS.
Rive gauche : le Capitaine Adjudant de Place	GRAILLARD.

Rien de nouveau.

Le Général de Brigade, Chef de l'État-major général du Gouvernement de Paris et de la première Division militaire,

CÉSAR BERTHIER.

Pour copie conforme :

L'Adjudant-commandant, Sous-chef de l'État-major général du Gouvernement de Paris,

DOUCET.

ÉTAT-MAJOR
DU GOUVERNEMENT DE PARIS.

ORDRE du 6 Frimaire an 13.

SERVICE DE L'ÉTAT-MAJOR DU GOUVERNEMENT DE PARIS.

Du 6 au 7 Frimaire.

Adjudant de Place de service à l'État-major....................... SANSON.
Adjudant de Place de ronde de nuit............................... VILLERS.

Visite aux Casernes, Prisons, Hôpital, et distribution de fourrages.

Rive droite de la Seine : le Capitaine Adjudant de Place................. VILLERS.
Rive gauche : le Capitaine Adjudant de Place....................... GRAILLARD.

Du 7 au 8 Frimaire.

Adjudant de Place de service à l'État-major....................... VIART.
Adjudant de Place de ronde de nuit............................... GRAILLARD.

Visite aux Casernes, Prisons, Hôpital, et distribution de fourrages.

Rive droite de la Seine : le Capitaine Adjudant de Place................. GRAILLARD.
Rive gauche : le Lieutenant Adjudant de Place..................... SANSON.

Rien de nouveau.

Le Général de Brigade, Chef de l'État-major général du Gouvernement de Paris et de la première Division militaire,

CÉSAR BERTHIER.

Pour copie conforme :

L'Adjudant-commandant, Sous-chef de l'État-major général du Gouvernement de Paris,

DOUCET.

ÉTAT-MAJOR
DU GOUVERNEMENT DE PARIS.

ORDRE du 7 Frimaire an 13.

SERVICE DE L'ÉTAT-MAJOR DU GOUVERNEMENT DE PARIS.

Du 7 au 8 Frimaire.

Adjudant de Place de service à l'État-major.................... VIART.
Adjudant de Place de ronde de nuit............................. GRAILLARD.

Visite aux Casernes, Prisons, Hôpital, et distribution de fourrages.

Rive droite de la Seine : le Capitaine Adjudant de Place........ GRAILLARD.
Rive gauche : le Lieutenant Adjudant de Place.................. SANSON.

Du 8 au 9 Frimaire.

Adjudant de Place de service à l'État-major.................... COTEAU.
Adjudant de Place de ronde de nuit............................. SANSON.

Visite aux Casernes, Prisons, Hôpital, et distribution de fourrages.

Rive droite de la Seine : le Lieutenant Adjudant de Place....... SANSON.
Rive gauche : le Capitaine Adjudant de Place................... VIART.

Rien de nouveau.

Le Général de Brigade, Chef de l'État-major général du Gouvernement de Paris et de la première Division militaire,

CÉSAR BERTHIER.

Pour copie conforme :

L'Adjudant-commandant, Sous-chef de l'État-major général du Gouvernement de Paris,

DOUCET.

ÉTAT-MAJOR
DU GOUVERNEMENT DE PARIS.

ORDRE du 8 Frimaire an 13.

SERVICE DE L'ÉTAT-MAJOR DU GOUVERNEMENT DE PARIS.

Du 8 au 9 Frimaire.

Adjudant de Place de service à l'État-major........................	COTEAU.
Adjudant de Place de ronde de nuit................................	SANSON.

Visite aux Casernes, Prisons, Hôpital, et distribution de fourrages.

Rive droite de la Seine : le Lieutenant Adjudant de Place...............	SANSON.
Rive gauche : le Capitaine Adjudant de Place........................	VIART.

Du 9 au 10 Frimaire.

Adjudant de Place de service à l'État-major........................	CORDIEZ.
Adjudant de Place de ronde de nuit................................	VIART.

Visite aux Casernes, Prisons, Hôpital, et distribution de fourrages.

Rive droite de la Seine : le Capitaine Adjudant de Place...............	VIART.
Rive gauche : le Capitaine Adjudant de Place........................	COTEAU.

Rien de nouveau.

Le Général de Brigade, Chef de l'État-major général du Gouvernement de Paris et de la première Division militaire,

CÉSAR BERTHIER.

Pour copie conforme :

L'Adjudant-commandant, Sous-chef de l'État-major général du Gouvernement de Paris,

DOUCET.

ÉTAT-MAJOR
DU GOUVERNEMENT DE PARIS.

ORDRE du 9 Frimaire an 13.

SERVICE DE L'ÉTAT-MAJOR DU GOUVERNEMENT DE PARIS.

Du 9 au 10 Frimaire.

Adjudant de Place de service à l'État-major	CORDIEZ.
Adjudant de Place de ronde de nuit	VIART.

Visite aux Casernes, Prisons, Hôpital, et distribution de fourrages.

Rive droite de la Seine : le Capitaine Adjudant de Place	VIART.
Rive gauche : le Capitaine Adjudant de Place	COTEAU.

Du 10 au 11 Frimaire.

Adjudant de Place de service à l'État-major	CARON.
Adjudant de Place de ronde de nuit	COTEAU.

Visite aux Casernes, Prisons, Hôpital, et distribution de fourrages.

Rive droite de la Seine : le Capitaine Adjudant de Place	COTEAU.
Rive gauche : le Capitaine Adjudant de Place	CORDIEZ.

Rien de nouveau.

Le Général de Brigade, Chef de l'État-major général du Gouvernement de Paris et de la première Division militaire,

CÉSAR BERTHIER.

Pour copie conforme :

L'Adjudant-commandant, Sous-chef de l'État-major général du Gouvernement de Paris,

DOUCET.

ÉTAT-MAJOR
DU GOUVERNEMENT DE PARIS.

ORDRE du 10 Frimaire an 13.

SERVICE DE L'ÉTAT-MAJOR DU GOUVERNEMENT DE PARIS.

Du 10 au 11 Frimaire.

Adjudant de Place de service à l'État-major......................... CARON.
Adjudant de Place de ronde de nuit................................ COTEAU.

Visite aux Casernes, Prisons, Hôpital, et distribution de fourrages.

Rive droite de la Seine : le Capitaine Adjudant de Place............... COTEAU.
Rive gauche : le Capitaine Adjudant de Place....................... CORDIEZ.

Du 11 au 12 Frimaire.

Adjudant de Place de service à l'État-major......................... GRAILLARD.
Adjudant de Place de ronde de nuit................................ CORDIEZ.

Visite aux Casernes, Prisons, Hôpital, et distribution de fourrages.

Rive droite de la Seine : le Capitaine Adjudant de Place............... CORDIEZ.
Rive gauche : le Capitaine Adjudant de Place....................... CARON.

Rien de nouveau.

Le Général de Brigade, Chef de l'État-major général du Gouvernement de Paris et de la première Division militaire,

CÉSAR BERTHIER.

Pour copie conforme :

L'Adjudant-commandant, Sous-chef de l'État-major général du Gouvernement de Paris;

DOUCET.

ÉTAT-MAJOR
DU GOUVERNEMENT DE PARIS.

ORDRE du 11 Frimaire an 13.

SERVICE DE L'ÉTAT-MAJOR DU GOUVERNEMENT DE PARIS.

Du 11 au 12 Frimaire.

Adjudant de Place de service à l'État-major.................... GRAILLARD.
Adjudant de Place de ronde de nuit............................. CORDIEZ.

Visite aux Casernes, Prisons, Hôpital, et distribution de fourrages.

Rive droite de la Seine : le Capitaine Adjudant de Place................ CORDIEZ.
Rive gauche : le Capitaine Adjudant de Place....................... CORDIEZ.

Du 12 au 13 Frimaire.

Adjudant de Place de service à l'État-major.................... SANSON.
Adjudant de Place de ronde de nuit............................. CARON.

Visite aux Casernes, Prisons, Hôpital, et distribution de fourrages.

Rive droite de la Seine : le Capitaine Adjudant de Place................ CARON.
Rive gauche : le Capitaine Adjudant de Place....................... GRAILLARD.

Rien de nouveau.

Le Général de Brigade, Chef de l'État-major général du Gouvernement de Paris et de la première Division militaire,

CÉSAR BERTHIER.

Pour copie conforme :

L'Adjudant-commandant, Sous-chef de l'État-major général du Gouvernement de Paris,

DOUCET.

ÉTAT-MAJOR
DU GOUVERNEMENT DE PARIS.

ORDRE du 12 Frimaire an 13.

SERVICE DE L'ÉTAT-MAJOR DU GOUVERNEMENT DE PARIS.

Du 12 au 13 Frimaire.

Adjudant de Place de service à l'État-major...................... SANSON.
Adjudant de Place de ronde de nuit............................... CARON.

Visite aux Casernes, Prisons, Hôpital, et distribution de fourrages.

Rive droite de la Seine : le Capitaine Adjudant de Place............... CARON.
Rive gauche : le Capitaine Adjudant de Place....................... GRAILLARD.

Du 13 au 14 Frimaire.

Adjudant de Place de service à l'État-major....................... VIART.
Adjudant de Place de ronde de nuit............................... GRAILLARD.

Visite aux Casernes, Prisons, Hôpital, et distribution de fourrages.

Rive droite de la Seine : le Capitaine Adjudant de Place............... GRAILLARD.
Rive gauche : le Lieutenant Adjudant de Place..................... SANSON.

Rien de nouveau.

Le Général de Brigade, Chef de l'État-major général du Gouvernement de Paris et de la première Division militaire,

CÉSAR BERTHIER.

Pour copie conforme :

L'Adjudant-commandant, Sous-chef de l'État-major général du Gouvernement de Paris,

DOUCET.

ÉTAT-MAJOR
DU GOUVERNEMENT DE PARIS.

ORDRE du 13 Frimaire an 13.

SERVICE DE L'ÉTAT-MAJOR DU GOUVERNEMENT DE PARIS.

Du 13 au 14 Frimaire.

Adjudant de Place de service à l'État-major........................ VIART.
Adjudant de Place de ronde de nuit............................... GRAILLARD.

Visite aux Casernes, Prisons, Hôpital, et distribution de fourrages.

Rive droite de la Seine : le Capitaine Adjudant de Place................ GRAILLARD.
Rive gauche : le Lieutenant Adjudant de Place....................... SANSON.

Du 14 au 15 Frimaire.

Adjudant de Place de service à l'Etat-major........................ COTEAU.
Adjudant de Place de ronde de nuit............................... SANSON.

Visite aux Casernes, Prisons, Hôpital, et distribution de fourrages.

Rive droite de la Seine : le Lieutenant Adjudant de Place............... SANSON.
Rive gauche : le Capitaine Adjudant de Place....................... VIART.

Rien de nouveau.

Le Général de Brigade, Chef de l'État-major général du Gouvernement de Paris et de la première Division militaire,

CÉSAR BERTHIER.

Pour copie conforme :

L'Adjudant-commandant, Sous-chef de l'État-major général du Gouvernement de Paris;

DOUCET.

ÉTAT-MAJOR
DU GOUVERNEMENT DE PARIS.

ORDRE du 14 Frimaire an 13.

SERVICE DE L'ÉTAT-MAJOR DU GOUVERNEMENT DE PARIS.

Du 14 au 15 Frimaire.

Adjudant de Place de service à l'État-major.................... CORDIEZ.
Adjudant de Place de ronde de nuit............................ SANSON.

Visite aux Casernes, Prisons, Hôpital, et distribution de fourrages.

Rive droite de la Seine : le Capitaine Adjudant de Place............ SANSON.
Rive gauche : le Capitaine Adjudant de Place.................... COTEAU.

Du 15 au 16 Frimaire.

Adjudant de Place de service à l'État-major.................... CARON.
Adjudant de Place de ronde de nuit............................ COTEAU.

Visite aux Casernes, Prisons, Hôpital, et distribution de fourrages.

Rive droite de la Seine : le Capitaine Adjudant de Place............ COTEAU.
Rive gauche : le Capitaine Adjudant de Place.................... CORDIEZ.

Rien de nouveau.

Le Général de Brigade, Chef de l'État-major général du Gouvernement de Paris et de la première Division militaire,

CÉSAR BERTHIER.

Pour copie conforme :

L'Adjudant-commandant, Sous-chef de l'État-major général du Gouvernement de Paris,

DOUCET.

ÉTAT-MAJOR
DU GOUVERNEMENT DE PARIS.

ORDRE du 15 Frimaire an 13.

SERVICE DE L'ÉTAT-MAJOR DU GOUVERNEMENT DE PARIS.

Du 15 au 16 Frimaire.

Adjudant de Place de service à l'État-major.......................... CARON.
Adjudant de Place de ronde de nuit................................... COTEAU.

Visite aux Casernes, Prisons, Hôpital, et distribution de fourrages.

Rive droite de la Seine : le Capitaine Adjudant de Place............... COTEAU.
Rive gauche : le Capitaine Adjudant de Place......................... CORDIEZ.

Du 16 au 17 Frimaire.

Adjudant de Place de service à l'Etat-major.......................... VILLERS.
Adjudant de Place de ronde de nuit................................... CORDIEZ.

Visite aux Casernes, Prisons, Hôpital, et distribution de fourrages.

Rive droite de la Seine : le Capitaine Adjudant de Place............... CORDIEZ.
Rive gauche : le Capitaine Adjudant de Place......................... CARON.

Rien de nouveau.

Le Général de Brigade, Chef de l'État-major général du Gouvernement de Paris et de la première Division militaire,

CÉSAR BERTHIER.

Pour copie conforme :

L'Adjudant-commandant, Sous-chef de l'État-major général du Gouvernement de Paris,

DOUCET.

ÉTAT-MAJOR
DU GOUVERNEMENT DE PARIS.

ORDRE du 16 Frimaire an 13.

SERVICE DE L'ÉTAT-MAJOR DU GOUVERNEMENT DE PARIS.

Du 16 au 17 Frimaire.

Adjudant de Place de service à l'État-major........................ GRAILLARD.
Adjudant de Place de ronde de nuit................................. CORDIEZ.

Visite aux Casernes, Prisons, Hôpital, et distribution de fourrages.

Rive droite de la Seine : le Capitaine Adjudant de Place.................. CORDIEZ.
Rive gauche : le Capitaine Adjudant de Place........................... CARON.

Du 17 au 18 Frimaire.

Adjudant de Place de service à l'État-major........................ SANSON.
Adjudant de Place de ronde de nuit................................. CARON.

Visite aux Casernes, Prisons, Hôpital, et distribution de fourrages.

Rive droite de la Seine : le Capitaine Adjudant de Place.................. CARON.
Rive gauche : le Capitaine Adjudant de Place........................... GRAILLARD.

Rien de nouveau.

Le Général de Brigade, Chef de l'État-major général du Gouvernement de Paris et de la première Division militaire,

CÉSAR BERTHIER.

Pour copie conforme :

L'Adjudant-commandant, Sous-chef de l'État-major général du Gouvernement de Paris,

DOUCET.

ÉTAT-MAJOR
DU GOUVERNEMENT DE PARIS.

ORDRE du 17 Frimaire an 13.

SERVICE DE L'ÉTAT-MAJOR DU GOUVERNEMENT DE PARIS.

Du 17 au 18 Frimaire.

Adjudant de Place de service à l'État-major.................... SANSON.
Adjudant de Place de ronde de nuit............................ CARON.

Visite aux Casernes, Prisons, Hôpital, et distribution de fourrages.

Rive droite de la Seine : le Capitaine Adjudant de Place............... CARON.
Rive gauche : le Capitaine Adjudant de Place....................... GRAILLARD.

Du 18 au 19 Frimaire.

Adjudant de Place de service à l'Etat-major..................... VIART.
Adjudant de Place de ronde de nuit............................ GRAILLARD.

Visite aux Casernes, Prisons, Hôpital, et distribution de fourrages.

Rive droite de la Seine : le Capitaine Adjudant de Place............... GRAILLARD.
Rive gauche : le Lieutenant Adjudant de Place..................... SANSON.

Rien de nouveau.

Le Général de Brigade, Chef de l'État-major général du Gouvernement de Paris et de la première Division militaire,

CÉSAR BERTHIER.

Pour copie conforme :

L'Adjudant-commandant, Sous-chef de l'État-major général du Gouvernement de Paris;

DOUCET.

ÉTAT-MAJOR
DU GOUVERNEMENT DE PARIS.

ORDRE du 18 Frimaire an 13.

SERVICE DE L'ÉTAT-MAJOR DU GOUVERNEMENT DE PARIS.

Du 18 au 19 Frimaire.

Adjudant de Place de service à l'Etat-major.................. VIART.
Adjudant de Place de ronde de nuit........................... GRAILLARD.

Visite aux Casernes, Prisons, Hôpital, et distribution de fourrages.

Rive droite de la Seine : le Capitaine Adjudant de Place.................. GRAILLARD.
Rive gauche : le Lieutenant Adjudant de Place.................. SANSON.

Du 19 au 20 Frimaire.

Adjudant de Place de service à l'État-major.................. COTEAU.
Adjudant de Place de ronde de nuit........................... SANSON.

Visite aux Casernes, Prisons, Hôpital, et distribution de fourrages.

Rive droite de la Seine : le Lieutenant Adjudant de Place.................. SANSON.
Rive gauche : le Capitaine Adjudant de Place.................. VIART.

Rien de nouveau.

Le Général de Brigade, Chef de l'État-major général du Gouvernement de Paris et de la première Division militaire,

CÉSAR BERTHIER.

Pour copie conforme :

L'Adjudant-commandant, Sous-chef de l'État-major général du Gouvernement de Paris;

DOUCET.

ÉTAT-MAJOR
DU GOUVERNEMENT DE PARIS.

ORDRE du 19 Frimaire an 13.

SERVICE DE L'ÉTAT-MAJOR DU GOUVERNEMENT DE PARIS.

Du 19 au 20 Frimaire.

Adjudant de Place de service à l'État-major......................... COTEAU.
Adjudant de Place de ronde de nuit............................... SANSON.

Visite aux Casernes, Prisons, Hôpital, et distribution de fourrages.

Rive droite de la Seine : le Lieutenant Adjudant de Place.............. SANSON.
Rive gauche : le Capitaine Adjudant de Place......................... VIART.

Du 20 au 21 Frimaire.

Adjudant de Place de service à l'Etat-major......................... CORDIEZ.
Adjudant de Place de ronde de nuit............................... VIART.

Visite aux Casernes, Prisons, Hôpital, et distribution de fourrages.

Rive droite de la Seine : le Capitaine Adjudant de Place................ VIART.
Rive gauche : le Capitaine Adjudant de Place......................... COTEAU.

Rien de nouveau.

Le Général de Brigade, Chef de l'État-major général du Gouvernement de Paris et de la première Division militaire,

CÉSAR BERTHIER.

Pour copie conforme :

L'Adjudant-commandant, Sous-chef de l'État-major général du Gouvernement de Paris,

DOUCET.

ÉTAT-MAJOR
DU GOUVERNEMENT DE PARIS.

ORDRE du 20 Frimaire an 13.

SERVICE DE L'ÉTAT-MAJOR DU GOUVERNEMENT DE PARIS.

Du 20 au 21 Frimaire.

Adjudant de Place de service à l'Etat-major........................ CORDIEZ.
Adjudant de Place de ronde de nuit............................... VIART.

Visite aux Casernes, Prisons, Hôpital, et distribution de fourrages.

Rive droite de la Seine : le Capitaine Adjudant de Place.................. VIART.
Rive gauche : le Capitaine Adjudant de Place........................ COTEAU.

Du 21 au 22 Frimaire.

Adjudant de Place de service à l'État-major......................... CARON.
Adjudant de Place de ronde de nuit.............................. COTEAU.

Visite aux Casernes, Prisons, Hôpital, et distribution de fourrages.

Rive droite de la Seine : le Capitaine Adjudant de Place................. COTEAU.
Rive gauche : le Capitaine Adjudant de Place....................... CORDIEZ.

Rien de nouveau.

Le Général de Brigade, Chef de l'État-major général du Gouvernement de Paris et de la première Division militaire,

CÉSAR BERTHIER.

Pour copie conforme :

L'Adjudant-commandant, Sous-chef de l'État-major général du Gouvernement de Paris,

DOUCET.

ÉTAT-MAJOR
DU GOUVERNEMENT DE PARIS.

ORDRE du 21 Frimaire an 13.

SERVICE DE L'ÉTAT-MAJOR DU GOUVERNEMENT DE PARIS.

Du 21 au 22 Frimaire.

Adjudant de Place de service à l'État-major.................... CARON.
Adjudant de Place de ronde de nuit............................ COTEAU.

Visite aux Casernes, Prisons, Hôpital, et distribution de fourrages.

Rive droite de la Seine : le Capitaine Adjudant de Place............... COTEAU.
Rive gauche : le Capitaine Adjudant de Place....................... CORDIEZ.

Du 22 au 23 Frimaire.

Adjudant de Place de service à l'Etat-major..................... VILLERS.
Adjudant de Place de ronde de nuit............................ CORDIEZ.

Visite aux Casernes, Prisons, Hôpital, et distribution de fourrages.

Rive droite de la Seine : le Capitaine Adjudant de Place.............. CORDIEZ.
Rive gauche : le Capitaine Adjudant de Place....................... CARON.

Rien de nouveau.

Le Général de Brigade, Chef de l'État-major général du Gouvernement de Paris et de la première Division militaire,

CÉSAR BERTHIER.

Pour copie conforme :

L'Adjudant-commandant, Sous-chef de l'État-major général du Gouvernement de Paris,

DOUCET.

ÉTAT-MAJOR
DU GOUVERNEMENT DE PARIS.

ORDRE du 22 Frimaire an 13.

SERVICE DE L'ÉTAT-MAJOR DU GOUVERNEMENT DE PARIS.

Du 22 au 23 Frimaire.

Adjudant de Place de service à l'État-major.......... VILLERS.
Adjudant de Place de ronde de nuit................. CORDIEZ.

Visite aux Casernes, Prisons, Hôpital, et distribution de fourrages.

Rive droite de la Seine : le Capitaine Adjudant de Place.......... CORDIEZ.
Rive gauche : le Capitaine Adjudant de Place.......... CARON.

Du 23 au 24 Frimaire.

Adjudant de Place de service à l'État-major.......... GRAILLARD.
Adjudant de Place de ronde de nuit................. CARON.

Visite aux Casernes, Prisons, Hôpital, et distribution de fourrages.

Rive droite de la Seine : le Capitaine Adjudant de Place.......... CARON.
Rive gauche : le Capitaine Adjudant de Place.......... VILLERS.

Rien de nouveau.

Le Général de Brigade, Chef de l'État-major général du Gouvernement de Paris et de la première Division militaire,

CÉSAR BERTHIER.

Pour copie conforme :

L'Adjudant-commandant, Sous-chef de l'État-major général du Gouvernement de Paris,

DOUCET.

ÉTAT-MAJOR
DU GOUVERNEMENT DE PARIS.

ORDRE du 23 Frimaire an 13.

SERVICE DE L'ÉTAT-MAJOR DU GOUVERNEMENT DE PARIS.

Du 23 au 24 Frimaire.

Adjudant de Place de service à l'État-major....................	GRAILLARD.
Adjudant de Place de ronde de nuit.............................	CARON.

Visite aux Casernes, Prisons, Hôpital, et distribution de fourrages.

Rive droite de la Seine : le Capitaine Adjudant de Place...............	CARON.
Rive gauche : le Capitaine Adjudant de Place........................	VILLERS.

Du 24 au 25 Frimaire.

Adjudant de Place de service à l'Etat-major.......................	SANSON.
Adjudant de Place de ronde de nuit..............................	VILLERS.

Visite aux Casernes, Prisons, Hôpital, et distribution de fourrages.

Rive droite de la Seine : le Capitaine Adjudant de Place...............	VILLERS.
Rive gauche : le Capitaine Adjudant de Place........................	GRAILLARD.

Rien de nouveau.

Le Général de Brigade, Chef de l'État-major général du Gouvernement de Paris et de la première Division militaire,

CÉSAR BERTHIER.

Pour copie conforme :

L'Adjudant-commandant, Sous-chef de l'État-major général du Gouvernement de Paris,

DOUCET.

ÉTAT-MAJOR

DU GOUVERNEMENT DE PARIS.

ORDRE du 24 Frimaire an 13.

SERVICE DE L'ÉTAT-MAJOR DU GOUVERNEMENT DE PARIS.

Du 24 au 25 Frimaire.

Adjudant de Place de service à l'État-major.............................	SANSON.
Adjudant de Place de ronde de nuit.................................	VILLERS.

Visite aux Casernes, Prisons, Hôpital, et distribution de fourrages.

Rive droite de la Seine : le Capitaine Adjudant de Place..................	VILLERS.
Rive gauche : le Capitaine Adjudant de Place........................	GRAILLARD.

Du 25 au 26 Frimaire.

Adjudant de Place de service à l'État-major..........................	COTEAU.
Adjudant de Place de ronde de nuit.................................	GRAILLARD.

Visite aux Casernes, Prisons, Hôpital, et distribution de fourrages.

Rive droite de la Seine : le Capitaine Adjudant de Place.................	GRAILLARD.
Rive gauche : le Lieutenant Adjudant de Place........................	SANSON.

Rien de nouveau.

Le Général de Brigade, Chef de l'État-major général du Gouvernement de Paris et de la première Division militaire,

CÉSAR BERTHIER.

Pour copie conforme :

L'Adjudant-commandant, Sous-chef de l'État-major général du Gouvernement de Paris,

DOUCET.

ÉTAT-MAJOR
DU GOUVERNEMENT DE PARIS.

Ordre du 25 Frimaire an 13.

SERVICE DE L'ÉTAT-MAJOR DU GOUVERNEMENT DE PARIS.

Du 25 au 26 Frimaire.

Adjudant de Place de service à l'État-major.................. Coteau.
Adjudant de Place de ronde de nuit........................... Graillard.

Visite aux Casernes, Prisons, Hôpital, et distribution de fourrages.

Rive droite de la Seine : le Capitaine Adjudant de Place............... Graillard.
Rive gauche : le Lieutenant Adjudant de Place...................... Sanson.

Du 26 au 27 Frimaire.

Adjudant de Place de service à l'État-major.................. Cordiez.
Adjudant de Place de ronde de nuit........................... Sanson.

Visite aux Casernes, Prisons, Hôpital, et distribution de fourrages.

Rive droite de la Seine : le Lieutenant Adjudant de Place............... Sanson.
Rive gauche : le Capitaine Adjudant de Place....................... Coteau.

Rien de nouveau.

Le Général de Brigade, Chef de l'État-major général du Gouvernement de Paris et de la première Division militaire,

César BERTHIER.

Pour copie conforme :

L'Adjudant-commandant, Sous-chef de l'État-major général du Gouvernement de Paris,

DOUCET.

ÉTAT-MAJOR
DU GOUVERNEMENT DE PARIS.

ORDRE du 26 Frimaire an 13.

SERVICE DE L'ÉTAT-MAJOR DU GOUVERNEMENT DE PARIS.

Du 26 au 27 Frimaire.

Adjudant de Place de service à l'État-major.......................... CORDIEZ.
Adjudant de Place de ronde de nuit................................. SANSON.

Visite aux Casernes, Prisons, Hôpital, et distribution de fourrages.

Rive droite de la Seine : le Lieutenant Adjudant de Place............... SANSON.
Rive gauche : le Capitaine Adjudant de Place........................ COTEAU.

Du 27 au 28 Frimaire.

Adjudant de Place de service à l'État-major.......................... CARON.
Adjudant de Place de ronde de nuit................................. COTEAU.

Visite aux Casernes, Prisons, Hôpital, et distribution de fourrages.

Rive droite de la Seine : le Capitaine Adjudant de Place............... COTEAU.
Rive gauche : le Capitaine Adjudant de Place........................ CORDIEZ.

Rien de nouveau.

Le Général de Brigade, Chef de l'État-major général du Gouvernement de Paris et de la première Division militaire,

CÉSAR BERTHIER.

Pour copie conforme :

L'Adjudant-commandant, Sous-chef de l'État-major général du Gouvernement de Paris,

DOUCET.

ÉTAT-MAJOR
DU GOUVERNEMENT DE PARIS.

ORDRE du 27 Frimaire an 13.

SERVICE DE L'ÉTAT-MAJOR DU GOUVERNEMENT DE PARIS.

Du 27 au 28 Frimaire.

Adjudant de Place de service à l'État-major.......................... CARON.
Adjudant de Place de ronde de nuit................................. COTEAU.

Visite aux Casernes, Prisons, Hôpital, et distribution de fourrages.

Rive droite de la Seine : le Capitaine Adjudant de Place................. COTEAU.
Rive gauche : le Capitaine Adjudant de Place........................ CORDIEZ.

Du 28 au 29 Frimaire.

Adjudant de Place de service à l'État-major.......................... VILLERS.
Adjudant de Place de ronde de nuit................................. CORDIEZ.

Visite aux Casernes, Prisons, Hôpital, et distribution de fourrages.

Rive droite de la Seine : le Capitaine Adjudant de Place................. CORDIEZ.
Rive gauche : le Capitaine Adjudant de Place........................ CARON.

Rien de nouveau.

Le Général de Brigade, Chef de l'État-major général du Gouvernement de Paris et de la première Division militaire,

CÉSAR BERTHIER.

Pour copie conforme :

L'Adjudant-commandant, Sous-chef de l'État-major général du Gouvernement de Paris,

DOUCET.

ÉTAT-MAJOR
DU GOUVERNEMENT DE PARIS.

ORDRE du 28 Frimaire an 13.

SERVICE DE L'ÉTAT-MAJOR DU GOUVERNEMENT DE PARIS.

Du 28 au 29 Frimaire.

Adjudant de Place de service à l'État-major............................ VILLERS.
Adjudant de Place de ronde de nuit.................................... CORDIEZ.

Visite aux Casernes, Prisons, Hôpital, et distribution de fourrages.

Rive droite de la Seine : le Capitaine Adjudant de Place................ CORDIEZ.
Rive gauche : le Capitaine Adjudant de Place.......................... CARON.

Du 29 au 30 Frimaire.

Adjudant de Place de service à l'État-major............................ GRAILLARD.
Adjudant de Place de ronde de nuit.................................... CARON.

Visite aux Casernes, Prisons, Hôpital, et distribution de fourrages.

Rive droite de la Seine : le Capitaine Adjudant de Place................ CARON.
Rive gauche : le Capitaine Adjudant de Place.......................... VILLERS.

Rien de nouveau.

Le Général de Brigade, Chef de l'État-major général du Gouvernement de Paris et de la première Division militaire,

CÉSAR BERTHIER.

Pour copie conforme :

L'Adjudant-commandant, Sous-chef de l'État-major général du Gouvernement de Paris,

DOUCET.

ÉTAT-MAJOR
DU GOUVERNEMENT DE PARIS.

ORDRE du 29 Frimaire an 13.

SERVICE DE L'ÉTAT-MAJOR DU GOUVERNEMENT DE PARIS.

Du 29 au 30 Frimaire.

Adjudant de Place de service à l'État-major.................... GRAILLARD.
Adjudant de Place de ronde de nuit............................ CARON.

Visite aux Casernes, Prisons, Hôpital, et distribution de fourrages.

Rive droite de la Seine : le Capitaine Adjudant de Place................ CARON.
Rive gauche : le Capitaine Adjudant de Place....................... VILLERS.

Du 30 Frimaire au 1.er Nivôse.

Adjudant de Place de service à l'État-major.................... SANSON.
Adjudant de Place de ronde de nuit............................ VILLERS.

Visite aux Casernes, Prisons, Hôpital, et distribution de fourrages.

Rive droite de la Seine : le Capitaine Adjudant de Place................ VILLERS.
Rive gauche : le Capitaine Adjudant de Place....................... GRAILLARD.

Rien de nouveau.

Le Général de Brigade, Chef de l'État-major général du Gouvernement de Paris et de la première Division militaire,

CÉSAR BERTHIER.

Pour copie conforme :

L'Adjudant-commandant, Sous-chef de l'État-major général du Gouvernement de Paris;

DOUCET.

ÉTAT-MAJOR
DU GOUVERNEMENT DE PARIS.

ORDRE du 30 Frimaire an 13.

SERVICE DE L'ÉTAT-MAJOR DU GOUVERNEMENT DE PARIS.

Du 30 Frimaire au 1.er Nivôse.

Adjudant de Place de service à l'État-major.......................... SANSON.
Adjudant de Place de ronde de nuit................................ VILLERS.

Visite aux Casernes, Prisons, Hôpital, et distribution de fourrages.

Rive droite de la Seine : le Capitaine Adjudant de Place................. VILLERS.
Rive gauche : le Capitaine Adjudant de Place....................... GRAILLARD.

Du 1.er au 2 Nivôse.

Adjudant de Place de service à l'État-major........................ VIART.
Adjudant de Place de ronde de nuit.............................. GRAILLARD.

Visite aux Casernes, Prisons, Hôpital, et distribution de fourrages.

Rive droite de la Seine : le Capitaine Adjudant de Place............... GRAILLARD.
Rive gauche : le Lieutenant Adjudant de Place...................... SANSON.

Corvées.

Le dix-huitième régiment d'infanterie de ligne fournira pendant le mois de nivôse prochain, tous les hommes de corvée nécessaires aux travaux du dépôt central de l'artillerie, sur la réquisition particulière du Général *Saint-Laurent*, Directeur dudit dépôt.

Le Général de Brigade, Chef de l'État-major général du Gouvernement de Paris et de la première Division militaire,

CÉSAR BERTHIER.

Pour copie conforme :

L'Adjudant-commandant, Sous-chef de l'État-major général du Gouvernement de Paris,

DOUCET.

ÉTAT-MAJOR
DU GOUVERNEMENT DE PARIS.

ORDRE du 1.er Nivôse an 13.

SERVICE DE L'ÉTAT-MAJOR DU GOUVERNEMENT DE PARIS.

Du 1.er au 2 Nivôse.

Adjudant de Place de service à l'État-major............................. VIART.
Adjudant de Place de ronde de nuit................................. GRAILLARD.

Visite aux Casernes, Prisons, Hôpital, et distribution de fourrages.

Rive droite de la Seine : le Capitaine Adjudant de Place................. GRAILLARD.
Rive gauche : le Lieutenant Adjudant de Place........................ SANSON.

Du 2 au 3 Nivôse.

Adjudant de Place de service à l'État-major............................. COTEAU.
Adjudant de Place de ronde de nuit................................. SANSON.

Visite aux Casernes, Prisons, Hôpital, et distribution de fourrages.

Rive droite de la Seine : le Lieutenant Adjudant de Place................. SANSON.
Rive gauche : le Capitaine Adjudant de Place........................ VIART.

Rien de nouveau.

Le Général de Brigade, Chef de l'État-major général du Gouvernement de Paris et de la première Division militaire,

CÉSAR BERTHIER.

Pour copie conforme :

L'Adjudant-commandant, Sous-chef de l'État-major général du Gouvernement de Paris,

DOUCET.

ÉTAT-MAJOR
DU GOUVERNEMENT DE PARIS.

ORDRE du 2 Nivôse an 13.

SERVICE DE L'ÉTAT-MAJOR DU GOUVERNEMENT DE PARIS.

Du 2 au 3 Nivôse.

Adjudant de Place de service à l'État-major........................ CORDIEZ.
Adjudant de Place de ronde de nuit............................... SANSON.

Visite aux Casernes, Prisons, Hôpital, et distribution de fourrages.

Rive droite de la Seine : le Lieutenant Adjudant de Place................ SANSON.
Rive gauche : le Capitaine Adjudant de Place...................... COTEAU.

Du 3 au 4 Nivôse.

Adjudant de Place de service à l'État-major......................... CARON.
Adjudant de Place de ronde de nuit............................... VIART.

Visite aux Casernes, Prisons, Hôpital, et distribution de fourrages.

Rive droite de la Seine : le Capitaine Adjudant de Place................. VIART.
Rive gauche : le Capitaine Adjudant de Place....................... CORDIEZ.

Rien de nouveau.

Le Général de Brigade, Chef de l'État-major général du Gouvernement de Paris et de la première Division militaire,

CÉSAR BERTHIER.

Pour copie conforme :

L'Adjudant-commandant, Sous-chef de l'État-major général du Gouvernement de Paris,

DOUCET.

ÉTAT-MAJOR
DU GOUVERNEMENT DE PARIS.

ORDRE du 3 Nivôse an 13.

SERVICE DE L'ÉTAT-MAJOR DU GOUVERNEMENT DE PARIS.

Du 3 au 4 Nivôse.

Adjudant de Place de service à l'État-major.......................... CARON.
Adjudant de Place de ronde de nuit................................. VIART.

Visite aux Casernes, Prisons, Hôpital, et distribution de fourrages.

Rive droite de la Seine : le Capitaine Adjudant de Place................. VIART.
Rive gauche : le Capitaine Adjudant de Place......................... CORDIEZ.

Du 4 au 5 Nivôse.

Adjudant de Place de service à l'État-major.......................... VILLERS.
Adjudant de Place de ronde de nuit................................. CORDIEZ.

Visite aux Casernes, Prisons, Hôpital, et distribution de fourrages.

Rive droite de la Seine : le Capitaine Adjudant de Place................. CORDIEZ.
Rive gauche : le Capitaine Adjudant de Place......................... CARON.

Rien de nouveau.

Le Général de Brigade, Chef de l'État-major général du Gouvernement de Paris et de la première Division militaire,

CÉSAR BERTHIER.

Pour copie conforme :

L'Adjudant-commandant, Sous-chef de l'État-major général du Gouvernement de Paris;
DOUCET.

ÉTAT-MAJOR
DU GOUVERNEMENT DE PARIS.

ORDRE du 4 Nivôse an 13.

SERVICE DE L'ÉTAT-MAJOR DU GOUVERNEMENT DE PARIS.

Du 4 au 5 Nivôse.

Adjudant de Place de service à l'État-major....................... VILLERS.
Adjudant de Place de ronde de nuit............................... CORDIEZ.

Visite aux Casernes, Prisons, Hôpital, et distribution de fourrages.

Rive droite de la Seine : le Capitaine Adjudant de Place............... CORDIEZ.
Rive gauche : le Capitaine Adjudant de Place...................... CARON.

Du 5 au 6 Nivôse.

Adjudant de Place de service à l'État-major....................... GRAILLARD.
Adjudant de Place de ronde de nuit............................... CARON.

Visite aux Casernes, Prisons, Hôpital, et distribution de fourrages.

Rive droite de la Seine : le Capitaine Adjudant de Place............... CARON.
Rive gauche : le Capitaine Adjudant de Place...................... VILLERS.

Rien de nouveau.

Le Général de Brigade, Chef de l'État-major général du Gouvernement de Paris et de la première Division militaire,

CÉSAR BERTHIER.

Pour copie conforme :

L'Adjudant-commandant, Sous-chef de l'État-major général du Gouvernement de Paris,

DOUCET.

ÉTAT-MAJOR
DU GOUVERNEMENT DE PARIS.

ORDRE du 5 Nivôse an 13.

SERVICE DE L'ÉTAT-MAJOR DU GOUVERNEMENT DE PARIS.

Du 5 au 6 Nivôse.

Adjudant de Place de service à l'État-major...................... GRAILLARD.
Adjudant de Place de ronde de nuit............................... CARON.

Visite aux Casernes, Prisons, Hôpital, et distribution de fourrages.

Rive droite de la Seine : le Capitaine Adjudant de Place................. CARON.
Rive gauche : le Capitaine Adjudant de Place......................... VILLERS.

Du 6 au 7 Nivôse.

Adjudant de Place de service à l'État-major........................ SANSON.
Adjudant de Place de ronde de nuit............................... VILLERS.

Visite aux Casernes, Prisons, Hôpital, et distribution de fourrages.

Rive droite de la Seine : le Capitaine Adjudant de Place................. VILLERS.
Rive gauche : le Capitaine Adjudant de Place......................... GRAILLARD.

Rien de nouveau.

Le Général de Brigade, Chef de l'État-major général du Gouvernement de Paris et de la première Division militaire,

CÉSAR BERTHIER.

Pour copie conforme :

L'Adjudant-commandant, Sous-chef de l'État-major général du Gouvernement de Paris,

DOUCET.

ÉTAT-MAJOR
DU GOUVERNEMENT DE PARIS.

ORDRE du 6 Nivôse an 13.

SERVICE DE L'ÉTAT-MAJOR DU GOUVERNEMENT DE PARIS.

Du 6 au 7 Nivôse.

Adjudant de Place de service à l'État-major...................... SANSON.
Adjudant de Place de ronde de nuit............................. VILLERS.

Visite aux Casernes, Prisons, Hôpital, et distribution de fourrages.

Rive droite de la Seine : le Capitaine Adjudant de Place................ VILLERS.
Rive gauche : le Capitaine Adjudant de Place....................... GRAILLARD.

Du 7 au 8 Nivôse.

Adjudant de Place de service à l'État-major...................... VIART.
Adjudant de Place de ronde de nuit............................. GRAILLARD.

Visite aux Casernes, Prisons, Hôpital, et distribution de fourrages.

Rive droite de la Seine : le Capitaine Adjudant de Place................ GRAILLARD.
Rive gauche : le Lieutenant Adjudant de Place..................... SANSON.

Rien de nouveau.

Le Général de Brigade, Chef de l'État-major général du Gouvernement de Paris et de la première Division militaire,

CÉSAR BERTHIER.

Pour copie conforme :

L'Adjudant-commandant, Sous-chef de l'État-major général du Gouvernement de Paris ;

DOUCET.

ÉTAT-MAJOR
DU GOUVERNEMENT DE PARIS.

ORDRE du 7 Nivôse an 13.

SERVICE DE L'ÉTAT-MAJOR DU GOUVERNEMENT DE PARIS.

Du 7 au 8 Nivôse.

Adjudant de Place de service à l'État-major......................... VIART.
Adjudant de Place de ronde de nuit................................ GRAILLARD.

Visite aux Casernes, Prisons, Hôpital, et distribution de fourrages.

Rive droite de la Seine : le Capitaine Adjudant de Place................ GRAILLARD.
Rive gauche : le Lieutenant Adjudant de Place....................... SANSON.

Du 8 au 9 Nivôse.

Adjudant de Place de service à l'État-major......................... COTEAU.
Adjudant de Place de ronde de nuit................................ SANSON.

Visite aux Casernes, Prisons, Hôpital, et distribution de fourrages.

Rive droite de la Seine : le Lieutenant Adjudant de Place............... SANSON.
Rive gauche : le Capitaine Adjudant de Place....................... VIART.

Rien de nouveau.

Le Général de Brigade, Chef de l'État-major général du Gouvernement de Paris et de la première Division militaire,

CÉSAR BERTHIER.

Pour copie conforme :

L'Adjudant-commandant, Sous-chef de l'État-major général du Gouvernement de Paris;

DOUCET.

ÉTAT-MAJOR
DU GOUVERNEMENT DE PARIS.

ORDRE du 8 Nivôse an 13.

SERVICE DE L'ÉTAT-MAJOR DU GOUVERNEMENT DE PARIS.

Du 8 au 9 Nivôse.

Adjudant de Place de service à l'État-major.......................... COTEAU.
Adjudant de Place de ronde de nuit................................ SANSON.

Visite aux Casernes, Prisons, Hôpital, et distribution de fourrages.

Rive droite de la Seine : le Lieutenant Adjudant de Place............... SANSON.
Rive gauche : le Capitaine Adjudant de Place........................ VIART.

Du 9 au 10 Nivôse.

Adjudant de Place de service à l'État-major.......................... CARON.
Adjudant de Place de ronde de nuit................................ VIART.

Visite aux Casernes, Prisons, Hôpital, et distribution de fourrages.

Rive droite de la Seine : le Capitaine Adjudant de Place................ VIART.
Rive gauche : le Capitaine Adjudant de Place........................ COTEAU.

Rien de nouveau.

Le Général de Brigade, Chef de l'État-major général du Gouvernement de Paris et de la première Division militaire,

CÉSAR BERTHIER.

Pour copie conforme :

L'Adjudant-commandant, Sous-chef de l'État-major général du Gouvernement de Paris,

DOUCET.

ÉTAT-MAJOR
DU GOUVERNEMENT DE PARIS.

ORDRE du 9 Nivôse an 13.

SERVICE DE L'ÉTAT-MAJOR DU GOUVERNEMENT DE PARIS.

Du 9 au 10 Nivôse.

Adjudant de Place de service à l'État-major.......................... CARON.
Adjudant de Place de ronde de nuit................................. VIART.

Visite aux Casernes, Prisons, Hôpital, et distribution de fourrages.

Rive droite de la Seine : le Capitaine Adjudant de Place................. VIART.
Rive gauche : le Capitaine Adjudant de Place......................... COTEAU.

Du 10 au 11 Nivôse.

Adjudant de Place de service à l'État-major.......................... VILLERS.
Adjudant de Place de ronde de nuit................................. COTEAU.

Visite aux Casernes, Prisons, Hôpital, et distribution de fourrages.

Rive droite de la Seine : le Capitaine Adjudant de Place................. COTEAU.
Rive gauche : le Capitaine Adjudant de Place......................... CARON.

Rien de nouveau.

Le Général de Brigade, Chef de l'État-major général du Gouvernement de Paris et de la première Division militaire,

CÉSAR BERTHIER.

Pour copie conforme :

L'Adjudant-commandant, Sous-chef de l'État-major général du Gouvernement de Paris,

DOUCET.

ÉTAT-MAJOR
DU GOUVERNEMENT DE PARIS.

ORDRE du 10 Nivôse an 13.

SERVICE DE L'ÉTAT-MAJOR DU GOUVERNEMENT DE PARIS.

Du 10 au 11 Nivôse.

Adjudant de Place de service à l'État-major.................... VILLERS.
Adjudant de Place de ronde de nuit.............................. COTEAU.

Visite aux Casernes, Prisons, Hôpital, et distribution de fourrages.

Rive droite de la Seine : le Capitaine Adjudant de Place............... COTEAU.
Rive gauche : le Capitaine Adjudant de Place .... CARON.

Du 11 au 12 Nivôse.

Adjudant de Place de service à l'État-major.................... GRAILLARD.
Adjudant de Place de ronde de nuit.............................. CARON.

Visite aux Casernes, Prisons, Hôpital, et distribution de fourrages.

Rive droite de la Seine : le Capitaine Adjudant de Place............... CARON.
Rive gauche : le Capitaine Adjudant de Place....................... VILLERS.

Rien de nouveau.

Le Général de Brigade, Chef de l'État-major général du Gouvernement de Paris et de la première Division militaire,

CÉSAR BERTHIER.

Pour copie conforme :

L'Adjudant-commandant, Sous-chef de l'État-major général du Gouvernement de Paris,

DOUCET.

ÉTAT-MAJOR
DU GOUVERNEMENT DE PARIS.

ORDRE du 11 Nivôse an 13.

SERVICE DE L'ÉTAT-MAJOR DU GOUVERNEMENT DE PARIS.

Du 11 au 12 Nivôse.

Adjudant de Place de service à l'État-major...................... GRAILLARD.
Adjudant de Place de ronde de nuit............................... CARON.

Visite aux Casernes, Prisons, Hôpital, et distribution de fourrages.

Rive droite de la Seine : le Capitaine Adjudant de Place................. CARON.
Rive gauche : le Capitaine Adjudant de Place....................... VILLERS.

Du 12 au 13 Nivôse.

Adjudant de Place de service à l'État-major...................... SANSON.
Adjudant de Place de ronde de nuit............................... VILLERS.

Visite aux Casernes, Prisons, Hôpital, et distribution de fourrages.

Rive droite de la Seine : le Capitaine Adjudant de Place................. VILLERS.
Rive gauche : le Capitaine Adjudant de Place .... GRAILLARD.

Rien de nouveau.

Le Général de Brigade, Chef de l'État-major général du Gouvernement de Paris et de la première Division militaire,

CÉSAR BERTHIER.

Pour copie conforme :

L'Adjudant-commandant, Sous-chef de l'État-major général du Gouvernement de Paris,

DOUCET.

ÉTAT-MAJOR
DU GOUVERNEMENT DE PARIS.

ORDRE du 12 Nivôse an 13.

SERVICE DE L'ÉTAT-MAJOR DU GOUVERNEMENT DE PARIS.

Du 12 au 13 Nivôse.

Adjudant de Place de service à l'État-major......................... SANSON.
Adjudant de Place de ronde de nuit................................. VILLERS.

Visite aux Casernes, Prisons, Hôpital, et distribution de fourrages.

Rive droite de la Seine : le Capitaine Adjudant de Place.................. VILLERS.
Rive gauche : le Capitaine Adjudant de Place .... GRAILLARD.

Du 13 au 14 Nivôse.

Adjudant de Place de service à l'État-major......................... VIART.
Adjudant de Place de ronde de nuit................................. GRAILLARD.

Visite aux Casernes, Prisons, Hôpital, et distribution de fourrages.

Rive droite de la Seine : le Capitaine Adjudant de Place................. GRAILLARD.
Rive gauche : le Lieutenant Adjudant de Place....................... SANSON.

Rien de nouveau.

Le Général de Brigade, Chef de l'État-major général du Gouvernement de Paris et de la première Division militaire,

CÉSAR BERTHIER.

Pour copie conforme :

L'Adjudant-commandant, Sous-chef de l'État-major général du Gouvernement de Paris,

DOUCET.

ÉTAT-MAJOR
DU GOUVERNEMENT DE PARIS.

ORDRE du 13 Nivôse an 13.

SERVICE DE L'ÉTAT-MAJOR DU GOUVERNEMENT DE PARIS.

Du 13 au 14 Nivôse.

Adjudant de Place de service à l'État-major........................	VIART.
Adjudant de Place de ronde de nuit...............................	GRAILLARD.

Visite aux Casernes, Prisons, Hôpital, et distribution de fourrages.

Rive droite de la Seine : le Capitaine Adjudant de Place................	GRAILLARD.
Rive gauche : le Lieutenant Adjudant de Place.......................	SANSON.

Du 14 au 15 Nivôse.

Adjudant de Place de service à l'État-major........................	COTEAU.
Adjudant de Place de ronde de nuit...............................	SANSON.

Visite aux Casernes, Prisons, Hôpital, et distribution de fourrages.

Rive droite de la Seine : le Lieutenant Adjudant de Place................	SANSON.
Rive gauche : le Capitaine Adjudant de Place	VIART.

Rien de nouveau.

Le Général de Brigade, Chef de l'État-major général du Gouvernement de Paris et de la première Division militaire,

CÉSAR BERTHIER.

Pour copie conforme :

L'Adjudant-commandant, Sous-chef de l'État-major général du Gouvernement de Paris,

DOUCET.

ÉTAT-MAJOR
DU GOUVERNEMENT DE PARIS.

ORDRE du 14 Nivôse an 13.

SERVICE DE L'ÉTAT-MAJOR DU GOUVERNEMENT DE PARIS.

Du 14 au 15 Nivôse.

Adjudant de Place de service à l'État-major.......................... COTEAU.
Adjudant de Place de ronde de nuit................................ SANSON.

Visite aux Casernes, Prisons, Hôpital, et distribution de fourrages.

Rive droite de la Seine : le Lieutenant Adjudant de Place................ SANSON.
Rive gauche : le Capitaine Adjudant de Place .... VIART.

Du 15 au 16 Nivôse.

Adjudant de Place de service à l'État-major.......................... CORDIEZ.
Adjudant de Place de ronde de nuit................................ VIART.

Visite aux Casernes, Prisons, Hôpital, et distribution de fourrages.

Rive droite de la Seine : le Capitaine Adjudant de Place................ VIART.
Rive gauche : le Capitaine Adjudant de Place........................ COTEAU.

Rien de nouveau.

Le Général de Brigade, Chef de l'État-major général du Gouvernement de Paris et de la première Division militaire,

CÉSAR BERTHIER.

Pour copie conforme :

L'Adjudant-commandant, Sous-chef de l'État-major général du Gouvernement de Paris,

DOUCET.

ÉTAT-MAJOR
DU GOUVERNEMENT DE PARIS.

ORDRE du 15 Nivôse an 13.

SERVICE DE L'ÉTAT-MAJOR DU GOUVERNEMENT DE PARIS.

Du 15 au 16 Nivôse.

Adjudant de Place de service à l'État-major......................... CORDIEZ.
Adjudant de Place de ronde de nuit................................. VIART.

Visite aux Casernes, Prisons, Hôpital, et distribution de fourrages.

Rive droite de la Seine : le Capitaine Adjudant de Place................. VIART.
Rive gauche : le Capitaine Adjudant de Place......................... COTEAU.

Du 16 au 17 Nivôse.

Adjudant de Place de service à l'État-major......................... VILLERS.
Adjudant de Place de ronde de nuit................................. COTEAU.

Visite aux Casernes, Prisons, Hôpital, et distribution de fourrages.

Rive droite de la Seine : le Capitaine Adjudant de Place................. COTEAU.
Rive gauche : le Capitaine Adjudant de Place......................... CORDIEZ.

Rien de nouveau.

Le Général de Brigade, Chef de l'État-major général du Gouvernement de Paris et de la première Division militaire,

CÉSAR BERTHIER.

Pour copie conforme :

L'Adjudant-commandant, Sous-chef de l'État-major général du Gouvernement de Paris,

DOUCET.

ÉTAT-MAJOR
DU GOUVERNEMENT DE PARIS.

ORDRE du 16 Nivôse an 13.

SERVICE DE L'ÉTAT-MAJOR DU GOUVERNEMENT DE PARIS.

Du 16 au 17 Nivôse.

Adjudant de Place de service à l'État-major......................... VILLERS.
Adjudant de Place de ronde de nuit................................. COTEAU.

Visite aux Casernes, Prisons, Hôpital, et distribution de fourrages.

Rive droite de la Seine : le Capitaine Adjudant de Place................ COTEAU.
Rive gauche : le Capitaine Adjudant de Place .... CORDIEZ.

Du 17 au 18 Nivôse.

Adjudant de Place de service à l'État-major......................... GRAILLARD.
Adjudant de Place de ronde de nuit................................ CORDIEZ.

Visite aux Casernes, Prisons, Hôpital, et distribution de fourrages.

Rive droite de la Seine : le Capitaine Adjudant de Place................ CORDIEZ.
Rive gauche : le Capitaine Adjudant de Place....................... VILLERS.

Rien de nouveau.

Le Général de Brigade, Chef de l'État-major général du Gouvernement de Paris et de la première Division militaire,

CÉSAR BERTHIER.

Pour copie conforme :

L'Adjudant-commandant, Sous-chef de l'État-major général du Gouvernement de Paris,

DOUCET.

ÉTAT-MAJOR
DU GOUVERNEMENT DE PARIS.

Ordre du 17 Nivôse an 13.

SERVICE DE L'ÉTAT-MAJOR DU GOUVERNEMENT DE PARIS.

Du 17 au 18 Nivôse.

Adjudant de Place de service à l'État-major......................... Graillard.
Adjudant de Place de ronde de nuit................................. Cordiez.

Visite aux Casernes, Prisons, Hôpital, et distribution de fourrages.

Rive droite de la Seine : le Capitaine Adjudant de Place................ Cordiez.
Rive gauche : le Capitaine Adjudant de Place........................ Villers.

Du 18 au 19 Nivôse.

Adjudant de Place de service à l'État-major......................... Sanson.
Adjudant de Place de ronde de nuit................................. Villers.

Visite aux Casernes, Prisons, Hôpital, et distribution de fourrages.

Rive droite de la Seine : le Capitaine Adjudant de Place................ Villers.
Rive gauche : le Capitaine Adjudant de Place........................ Graillard.

Rien de nouveau.

Le Général de Brigade, Chef de l'État-major général du Gouvernement de Paris et de la première Division militaire,

César BERTHIER.

Pour copie conforme :

L'Adjudant-commandant, Sous-chef de l'État-major général du Gouvernement de Paris,

DOUCET.

ÉTAT-MAJOR
DU GOUVERNEMENT DE PARIS.

ORDRE du 18 Nivôse an 13.

SERVICE DE L'ÉTAT-MAJOR DU GOUVERNEMENT DE PARIS.

Du 18 au 19 Nivôse.

Adjudant de Place de service à l'État-major........................	SANSON.
Adjudant de Place de ronde de nuit................................	VILLERS.

Visite aux Casernes, Prisons, Hôpital, et distribution de fourrages.

Rive droite de la Seine : le Capitaine Adjudant de Place..................	VILLERS.
Rive gauche : le Capitaine Adjudant de Place	GRAILLARD.

Du 19 au 20 Nivôse.

Adjudant de Place de service à l'État-major........................	VIART.
Adjudant de Place de ronde de nuit................................	GRAILLARD.

Visite aux Casernes, Prisons, Hôpital, et distribution de fourrages.

Rive droite de la Seine : le Capitaine Adjudant de Place.................	GRAILLARD.
Rive gauche : le Lieutenant Adjudant de Place.......................	SANSON.

Rien de nouveau.

Le Général de Brigade, Chef de l'État-major général du Gouvernement de Paris et de la première Division militaire,

CÉSAR BERTHIER.

Pour copie conforme :

L'Adjudant-commandant, Sous-chef de l'État-major général du Gouvernement de Paris,

DOUCET.

ÉTAT-MAJOR
DU GOUVERNEMENT DE PARIS.

ORDRE du 19 Nivôse an 13.

SERVICE DE L'ÉTAT-MAJOR DU GOUVERNEMENT DE PARIS.

Du 19 au 20 Nivôse.

Adjudant de Place de service à l'État-major...................... VIART.
Adjudant de Place de ronde de nuit.............................. GRAILLARD.

Visite aux Casernes, Prisons, Hôpital, et distribution de fourrages.

Rive droite de la Seine : le Capitaine Adjudant de Place................ GRAILLARD.
Rive gauche : le Lieutenant Adjudant de Place....................... SANSON.

Du 20 au 21 Nivôse.

Adjudant de Place de service à l'État-major...................... COTEAU.
Adjudant de Place de ronde de nuit.............................. SANSON.

Visite aux Casernes, Prisons, Hôpital, et distribution de fourrages.

Rive droite de la Seine : le Lieutenant Adjudant de Place................ SANSON.
Rive gauche : le Capitaine Adjudant de Place .... VIART.

Rien de nouveau.

Le Général de Brigade, Chef de l'État-major général du Gouvernement de Paris et de la première Division militaire,

CÉSAR BERTHIER.

Pour copie conforme :

L'Adjudant-commandant, Sous-chef de l'État-major général du Gouvernement de Paris,

DOUCET.

ÉTAT-MAJOR
DU GOUVERNEMENT DE PARIS.

ORDRE du 20 Nivôse an 13.

SERVICE DE L'ÉTAT-MAJOR DU GOUVERNEMENT DE PARIS.

Du 20 au 21 Nivôse.

Adjudant de Place de service à l'État-major....................... COTEAU.
Adjudant de Place de ronde de nuit................................ SANSON.

Visite aux Casernes, Prisons, Hôpital, et distribution de fourrages.

Rive droite de la Seine : le Lieutenant Adjudant de Place........ SANSON.
Rive gauche : le Capitaine Adjudant de Place.................... VIART.

Du 21 au 22 Nivôse.

Adjudant de Place de service à l'État-major....................... CORDIEZ.
Adjudant de Place de ronde de nuit................................ VIART.

Visite aux Casernes, Prisons, Hôpital, et distribution de fourrages.

Rive droite de la Seine : le Capitaine Adjudant de Place......... VIART.
Rive gauche : le Capitaine Adjudant de Place.................... COTEAU.

Rien de nouveau.

Le Général de Brigade, Chef de l'État-major général du Gouvernement de Paris et de la première Division militaire,

CÉSAR BERTHIER.

Pour copie conforme :

L'Adjudant-commandant, Sous-chef de l'État-major général du Gouvernement de Paris,

DOUCET.

ÉTAT-MAJOR
DU GOUVERNEMENT DE PARIS.

ORDRE du 21 Nivôse an 13.

SERVICE DE L'ÉTAT-MAJOR DU GOUVERNEMENT DE PARIS.

Du 21 au 22 Nivôse.

Adjudant de Place de service à l'État-major	CORDIEZ.
Adjudant de Place de ronde de nuit	VIART.

Visite aux Casernes, Prisons, Hôpital, et distribution de fourrages.

Rive droite de la Seine : le Capitaine Adjudant de Place	VIART.
Rive gauche : le Capitaine Adjudant de Place	COTEAU.

Du 22 au 23 Nivôse.

Adjudant de Place de service à l'État-major	CARON.
Adjudant de Place de ronde de nuit	COTEAU.

Visite aux Casernes, Prisons, Hôpital, et distribution de fourrages.

Rive droite de la Seine : le Capitaine Adjudant de Place	COTEAU.
Rive gauche : le Capitaine Adjudant de Place	CORDIEZ.

Rien de nouveau.

Le Général de Brigade, Chef de l'État-major général du Gouvernement de Paris et de la première Division militaire,

CÉSAR BERTHIER.

Pour copie conforme :

L'Adjudant-commandant, Sous-chef de l'État-major général du Gouvernement de Paris,
DOUCET.

ÉTAT-MAJOR
DU GOUVERNEMENT DE PARIS.

ORDRE du 22 Nivôse an 13.

SERVICE DE L'ÉTAT-MAJOR DU GOUVERNEMENT DE PARIS.

Du 22 au 23 Nivôse.

Adjudant de Place de service à l'État-major........................ CARON.
Adjudant de Place de ronde de nuit................................ COTEAU.

Visite aux Casernes, Prisons, Hôpital, et distribution de fourrages.

Rive droite de la Seine : le Capitaine Adjudant de Place............. COTEAU.
Rive gauche : le Capitaine Adjudant de Place....................... CORDIEZ.

Du 23 au 24 Nivôse.

Adjudant de Place de service à l'État-major........................ GRAILLARD.
Adjudant de Place de ronde de nuit................................ CORDIEZ.

Visite aux Casernes, Prisons, Hôpital, et distribution de fourrages.

Rive droite de la Seine : le Capitaine Adjudant de Place............. CORDIEZ.
Rive gauche : le Capitaine Adjudant de Place....................... CARON.

Rien de nouveau.

Le Général de Brigade, Chef de l'État-major général du Gouvernement de Paris et de la première Division militaire,

CÉSAR BERTHIER.

Pour copie conforme :

L'Adjudant-commandant, Sous-chef de l'État-major général du Gouvernement de Paris,

DOUCET.

ÉTAT-MAJOR
DU GOUVERNEMENT DE PARIS.

ORDRE du 23 Nivôse an 13.

SERVICE DE L'ÉTAT-MAJOR DU GOUVERNEMENT DE PARIS.

Du 23 au 24 Nivôse.

Adjudant de Place de service à l'État-major........................ GRAILLARD.
Adjudant de Place de ronde de nuit............................... CORDIEZ.

Visite aux Casernes, Prisons, Hôpital, et distribution de fourrages.

Rive droite de la Seine : le Capitaine Adjudant de Place................ CORDIEZ.
Rive gauche : le Capitaine Adjudant de Place........................ CARON.

Du 24 au 25 Nivôse.

Adjudant de Place de service à l'État-major........................ SANSON.
Adjudant de Place de ronde de nuit............................... CARON.

Visite aux Casernes, Prisons, Hôpital, et distribution de fourrages.

Rive droite de la Seine : le Capitaine Adjudant de Place................ CARON.
Rive gauche : le Capitaine Adjudant de Place........................ GRAILLARD.

Rien de nouveau.

Le Général de Brigade, Chef de l'État-major général du Gouvernement de Paris et de la première Division militaire,

CÉSAR BERTHIER.

Pour copie conforme :

L'Adjudant-commandant, Sous-chef de l'État-major général du Gouvernement de Paris,

DOUCET.

ÉTAT-MAJOR
DU GOUVERNEMENT DE PARIS.

ORDRE du 24 Nivôse an 13.

SERVICE DE L'ÉTAT-MAJOR DU GOUVERNEMENT DE PARIS.

Du 24 au 25 Nivôse.

Adjudant de Place de service à l'État-major............................	SANSON.
Adjudant de Place de ronde de nuit.............................	CARON.

Visite aux Casernes, Prisons, Hôpital, et distribution de fourrages.

Rive droite de la Seine : le Capitaine Adjudant de Place.................	CARON.
Rive gauche : le Capitaine Adjudant de Place	GRAILLARD.

Du 25 au 26 Nivôse.

Adjudant de Place de service à l'État-major........................	VIART.
Adjudant de Place de ronde de nuit...............................	GRAILLARD.

Visite aux Casernes, Prisons, Hôpital, et distribution de fourrages.

Rive droite de la Seine : le Capitaine Adjudant de Place.................	GRAILLARD.
Rive gauche : le Lieutenant Adjudant de Place......................	SANSON.

Rien de nouveau.

Le Général de Brigade, Chef de l'État-major général du Gouvernement de Paris et de la première Division militaire,

CÉSAR BERTHIER.

Pour copie conforme :

L'Adjudant-commandant, Sous-chef de l'État-major général du Gouvernement de Paris;

DOUCET.

ÉTAT-MAJOR
DU GOUVERNEMENT DE PARIS.

ORDRE du 25 Nivôse an 13.

SERVICE DE L'ÉTAT-MAJOR DU GOUVERNEMENT DE PARIS.

Du 25 au 26 Nivôse.

Adjudant de Place de service à l'État-major......................... VIART.
Adjudant de Place de ronde de nuit............................... GRAILLARD.

Visite aux Casernes, Prisons, Hôpital, et distribution de fourrages.

Rive droite de la Seine : le Capitaine Adjudant de Place................. GRAILLARD.
Rive gauche : le Lieutenant Adjudant de Place...................... SANSON.

Du 26 au 27 Nivôse.

Adjudant de Place de service à l'État-major......................... COTEAU.
Adjudant de Place de ronde de nuit............................... SANSON.

Visite aux Casernes, Prisons, Hôpital, et distribution de fourrages.

Rive droite de la Seine : le Lieutenant Adjudant de Place................. SANSON.
Rive gauche : le Capitaine Adjudant de Place .... VIART.

Rien de nouveau.

Le Général de Brigade, Chef de l'État-major général du Gouvernement de Paris et de la première Division militaire,

CÉSAR BERTHIER.

Pour copie conforme :

L'Adjudant-commandant, Sous-chef de l'État-major général du Gouvernement de Paris,

DOUCET.

ÉTAT-MAJOR
DU GOUVERNEMENT DE PARIS.

ORDRE du 26 Nivôse an 13.

SERVICE DE L'ÉTAT-MAJOR DU GOUVERNEMENT DE PARIS.

Du 26 au 27 Nivôse.

Adjudant de Place de service à l'État-major.....................	COTEAU.
Adjudant de Place de ronde de nuit.............................	SANSON.

Visite aux Casernes, Prisons, Hôpital, et distribution de fourrages.

Rive droite de la Seine : le Lieutenant Adjudant de Place..............	SANSON.
Rive gauche : le Capitaine Adjudant de Place	VIART.

Du 27 au 28 Nivôse.

Adjudant de Place de service à l'État-major.....................	CORDIEZ.
Adjudant de Place de ronde de nuit.............................	VIART.

Visite aux Casernes, Prisons, Hôpital, et distribution de fourrages.

Rive droite de la Seine : le Capitaine Adjudant de Place..............	VIART.
Rive gauche : le Lieutenant Adjudant de Place.....................	COTEAU.

Rien de nouveau.

Le Général de Brigade, Chef de l'État-major général du Gouvernement de Paris et de la première Division militaire,

CÉSAR BERTHIER.

Pour copie conforme :

L'Adjudant-commandant, Sous-chef de l'État-major général du Gouvernement de Paris,

DOUCET.

ÉTAT-MAJOR
DU GOUVERNEMENT DE PARIS.

ORDRE du 27 Nivôse an 13.

SERVICE DE L'ÉTAT-MAJOR DU GOUVERNEMENT DE PARIS.

Du 27 au 28 Nivôse.

Adjudant de Place de service à l'État-major......................... CORDIEZ.
Adjudant de Place de ronde de nuit............................... VIART.

Visite aux Casernes, Prisons, Hôpital, et distribution de fourrages.

Rive droite de la Seine : le Capitaine Adjudant de Place................ VIART.
Rive gauche : le Capitaine Adjudant de Place....................... COTEAU.

Du 28 au 29 Nivôse.

Adjudant de Place de service à l'État-major......................... CARON.
Adjudant de Place de ronde de nuit............................... COTEAU.

Visite aux Casernes, Prisons, Hôpital, et distribution de fourrages.

Rive droite de la Seine : le Capitaine Adjudant de Place................ COTEAU.
Rive gauche : le Capitaine Adjudant de Place .... CORDIEZ.

Rien de nouveau.

Le Général de Brigade, Chef de l'État-major général du Gouvernement de Paris et de la première Division militaire,

CÉSAR BERTHIER.

Pour copie conforme :

L'Adjudant-commandant, Sous-chef de l'État-major général du Gouvernement de Paris,

DOUCET.

ÉTAT-MAJOR
DU GOUVERNEMENT DE PARIS.

ORDRE du 28 Nivôse an 13.

SERVICE DE L'ÉTAT-MAJOR DU GOUVERNEMENT DE PARIS.

Du 28 au 29 Nivôse.

Adjudant de Place de service à l'État-major........................ CARON.
Adjudant de Place de ronde de nuit............................... COTEAU.

Visite aux Casernes, Prisons, Hôpital, et distribution de fourrages.

Rive droite de la Seine : le Capitaine Adjudant de Place............... COTEAU.
Rive gauche : le Capitaine Adjudant de Place .... CORDIEZ.

Du 29 au 30 Nivôse.

Adjudant de Place de service à l'État-major........................ VILLERS.
Adjudant de Place de ronde de nuit............................... CORDIEZ.

Visite aux Casernes, Prisons, Hôpital, et distribution de fourrages.

Rive droite de la Seine : le Capitaine Adjudant de Place............... CORDIEZ.
Rive gauche : le Capitaine Adjudant de Place....................... CARON.

Rien de nouveau.

Le Général de Brigade, Chef de l'État-major général du Gouvernement de Paris et de la première Division militaire,

CÉSAR BERTHIER.

Pour copie conforme :

L'Adjudant-commandant, Sous-chef de l'État-major général du Gouvernement de Paris;

DOUCET.

ÉTAT-MAJOR
DU GOUVERNEMENT DE PARIS.

ORDRE du 29 Nivôse an 13.

SERVICE DE L'ÉTAT-MAJOR DU GOUVERNEMENT DE PARIS.

Du 29 au 30 Nivôse.

Adjudant de Place de service à l'État-major...................... VILLERS.
Adjudant de Place de ronde de nuit............................... CORDIEZ.

Visite aux Casernes, Prisons, Hôpital, et distribution de fourrages.

Rive droite de la Seine : le Capitaine Adjudant de Place................ CORDIEZ.
Rive gauche : le Capitaine Adjudant de Place...................... CARON.

Du 30 Nivôse au 1.er Pluviôse.

Adjudant de Place de service à l'État-major...................... SANSON.
Adjudant de Place de ronde de nuit............................... CARON.

Visite aux Casernes, Prisons, Hôpital, et distribution de fourrages.

Rive droite de la Seine : le Capitaine Adjudant de Place................ CARON.
Rive gauche : le Capitaine Adjudant de Place .... VILLERS.

Rien de nouveau.

Le Général de Brigade, Chef de l'État-major général du Gouvernement de Paris et de la première Division militaire,

CÉSAR BERTHIER.

Pour copie conforme :
L'Adjudant-commandant, Sous-chef de l'État-major général du Gouvernement de Paris;

DOUCET.

ÉTAT-MAJOR
DU GOUVERNEMENT DE PARIS.

ORDRE du 30 Nivôse an 13.

SERVICE DE L'ÉTAT-MAJOR DU GOUVERNEMENT DE PARIS.

Du 30 Nivôse au 1.er Pluviôse.

Adjudant de Place de service à l'État-major..................... SANSON.
Adjudant de Place de ronde de nuit............................... CARON.

Visite aux Casernes, Prisons, Hôpital, et distribution de fourrages.

Rive droite de la Seine : le Capitaine Adjudant de Place................ CARON.
Rive gauche : le Capitaine Adjudant de Place .... VILLERS.

Du 1.er au 2 Pluviôse.

Adjudant de Place de service à l'État-major........................ VIART.
Adjudant de Place de ronde de nuit.............................. VILLERS.

Visite aux Casernes, Prisons, Hôpital, et distribution de fourrages.

Rive droite de la Seine : le Capitaine Adjudant de Place................ VILLERS.
Rive gauche : le Lieutenant Adjudant de Place...................... SANSON.

Corvées.

Le quatrième régiment d'infanterie légère fournira, pendant le mois de pluviôse prochain, tous les hommes de corvée nécessaires aux travaux du dépôt central de l'artillerie, sur la réquisition particulière du Général *Saint-Laurent*, Directeur dudit dépôt.

Le Général de Brigade, Chef de l'État-major général du Gouvernement de Paris et de la première Division militaire,

CÉSAR BERTHIER.

Pour copie conforme :

L'Adjudant-commandant, Sous-chef de l'État-major général du Gouvernement de Paris,

DOUCET.

ÉTAT-MAJOR
DU GOUVERNEMENT DE PARIS.

ORDRE du 1.er Pluviôse an 13.

SERVICE DE L'ÉTAT-MAJOR DU GOUVERNEMENT DE PARIS.

Du 1.er au 2 Pluviôse.

Adjudant de Place de service à l'État-major.................... VIART.
Adjudant de Place de ronde de nuit............................ VILLERS.

Visite aux Casernes, Prisons, Hôpital, et distribution de fourrages.

Rive droite de la Seine : le Capitaine Adjudant de Place................ VILLERS.
Rive gauche : le Lieutenant Adjudant de Place....................... SANSON.

Du 2 au 3 Pluviôse.

Adjudant de Place de service à l'État-major........................ COTEAU.
Adjudant de Place de ronde de nuit............................ SANSON.

Visite aux Casernes, Prisons, Hôpital, et distribution de fourrages.

Rive droite de la Seine : le Lieutenant Adjudant de Place............... SANSON.
Rive gauche : le Capitaine Adjudant de Place .... VIART.

Rien de nouveau.

Le Général de Brigade, Chef de l'État-major général du Gouvernement de Paris et de la première Division militaire,

CÉSAR BERTHIER.

Pour copie conforme :

L'Adjudant-commandant, Sous-chef de l'État-major général du Gouvernement de Paris,

DOUCET.

ÉTAT-MAJOR
DU GOUVERNEMENT DE PARIS.

ORDRE du 2 Pluviôse an 13.

SERVICE DE L'ÉTAT-MAJOR DU GOUVERNEMENT DE PARIS.

Du 2 au 3 Pluviôse.

Adjudant de Place de service à l'État-major............................	COTEAU.
Adjudant de Place de ronde de nuit.................................	SANSON.

Visite aux Casernes, Prisons, Hôpital, et distribution de fourrages.

Rive droite de la Seine : le Lieutenant Adjudant de Place.................	SANSON.
Rive gauche : le Capitaine Adjudant de Place	VIART.

Du 3 au 4 Pluviôse.

Adjudant de Place de service à l'État-major............................	CORDIEZ.
Adjudant de Place de ronde de nuit.................................	VIART.

Visite aux Casernes, Prisons, Hôpital, et distribution de fourrages.

Rive droite de la Seine : le Capitaine Adjudant de Place.................	VIART.
Rive gauche : le Capitaine Adjudant de Place........................	COTEAU.

Rien de nouveau.

Le Général de Brigade, Chef de l'État-major général du Gouvernement de Paris et de la première Division militaire,

CÉSAR BERTHIER.

Pour copie conforme :

L'Adjudant-commandant, Sous-chef de l'État-major général du Gouvernement de Paris,

DOUCET.

ÉTAT-MAJOR
DU GOUVERNEMENT DE PARIS.

ORDRE du 3 Pluviôse an 13.

SERVICE DE L'ÉTAT-MAJOR DU GOUVERNEMENT DE PARIS.

Du 3 au 4 Pluviôse.

Adjudant de Place de service à l'État-major.................... CORDIEZ.
Adjudant de Place de ronde de nuit................................ VIART.

Visite aux Casernes, Prisons, Hôpital, et distribution de fourrages.

Rive droite de la Seine : le Capitaine Adjudant de Place................ VIART.
Rive gauche : le Capitaine Adjudant de Place......................... COTEAU.

Du 4 au 5 Pluviôse.

Adjudant de Place de service à l'État-major........................ CARON.
Adjudant de Place de ronde de nuit................................ COTEAU.

Visite aux Casernes, Prisons, Hôpital, et distribution de fourrages.

Rive droite de la Seine : le Capitaine Adjudant de Place................ COTEAU.
Rive gauche : le Capitaine Adjudant de Place .... CORDIEZ.

Rien de nouveau.

Le Général de Brigade, Chef de l'État-major général du Gouvernement de Paris et de la première Division militaire,

CÉSAR BERTHIER.

Pour copie conforme :

L'Adjudant-commandant, Sous-chef de l'État-major général du Gouvernement de Paris,

DOUCET.

ÉTAT-MAJOR
DU GOUVERNEMENT DE PARIS.

ORDRE du 4 Pluviôse an 13.

SERVICE DE L'ÉTAT-MAJOR DU GOUVERNEMENT DE PARIS.

Du 4 au 5 Pluviôse.

Adjudant de Place de service à l'État-major............................. CARON.
Adjudant de Place de ronde de nuit................................ COTEAU.

Visite aux Casernes, Prisons, Hôpital, et distribution de fourrages.

Rive droite de la Seine : le Capitaine Adjudant de Place................. COTEAU.
Rive gauche : le Capitaine Adjudant de Place .... CORDIEZ.

Du 5 au 6 Pluviôse.

Adjudant de Place de service à l'État-major............................. VILLERS.
Adjudant de Place de ronde de nuit................................ CORDIEZ.

Visite aux Casernes, Prisons, Hôpital, et distribution de fourrages.

Rive droite de la Seine : le Capitaine Adjudant de Place................. CORDIEZ.
Rive gauche : le Capitaine Adjudant de Place......................... CARON.

Rien de nouveau.

Le Général de Brigade, Chef de l'État-major général du Gouvernement de Paris et de la première Division militaire,

CÉSAR BERTHIER.

Pour copie conforme :

L'Adjudant-commandant, Sous-chef de l'État-major général du Gouvernement de Paris;

DOUCET.

ÉTAT-MAJOR
DU GOUVERNEMENT DE PARIS.

ORDRE du 5 Pluviôse an 13.

SERVICE DE L'ÉTAT-MAJOR DU GOUVERNEMENT DE PARIS.

Du 5 au 6 Pluviôse.

Adjudant de Place de service à l'État-major.................... VILLERS.
Adjudant de Place de ronde de nuit............................ CORDIEZ.

Visite aux Casernes, Prisons, Hôpital, et distribution de fourrages.

Rive droite de la Seine : le Capitaine Adjudant de Place................. CORDIEZ.
Rive gauche : le Capitaine Adjudant de Place....................... CARON.

Du 6 au 7 Pluviôse.

Adjudant de Place de service à l'État-major....................... GRAILLARD.
Adjudant de Place de ronde de nuit............................ CARON.

Visite aux Casernes, Prisons, Hôpital, et distribution de fourrages.

Rive droite de la Seine : le Capitaine Adjudant de Place................ CARON.
Rive gauche : le Capitaine Adjudant de Place .... VILLERS.

Rien de nouveau.

Le Général de Brigade, Chef de l'État-major général du Gouvernement de Paris et de la première Division militaire,

CÉSAR BERTHIER.

Pour copie conforme :

L'Adjudant-commandant, Sous-chef de l'État-major général du Gouvernement de Paris;

DOUCET.

ÉTAT-MAJOR
DU GOUVERNEMENT DE PARIS.

ORDRE du 6 Pluviôse an 13.

SERVICE DE L'ÉTAT-MAJOR DU GOUVERNEMENT DE PARIS.

Du 6 au 7 Pluviôse.

Adjudant de Place de service à l'État-major........................ GRAILLARD.
Adjudant de Place de ronde de nuit............................... CARON.

Visite aux Casernes, Prisons, Hôpital, et distribution de fourrages.

Rive droite de la Seine : le Capitaine Adjudant de Place................. CARON.
Rive gauche : le Capitaine Adjudant de Place...................... VILLERS.

Du 7 au 8 Pluviôse.

Adjudant de Place de service à l'État-major........................ VIART.
Adjudant de Place de ronde de nuit............................... VILLERS.

Visite aux Casernes, Prisons, Hôpital, et distribution de fourrages.

Rive droite de la Seine : le Capitaine Adjudant de Place................. VILLERS.
Rive gauche : le Capitaine Adjudant de Place...................... GRAILLARD.

Rien de nouveau.

Le Général de Brigade, Chef de l'État-major général du Gouvernement de Paris et de la première Division militaire,

CÉSAR BERTHIER.

Pour copie conforme :

L'Adjudant-commandant, Sous-chef de l'État-major général du Gouvernement de Paris,

DOUCET.

ÉTAT-MAJOR
DU GOUVERNEMENT DE PARIS.

ORDRE du 7 Pluviôse an 13.

SERVICE DE L'ÉTAT-MAJOR DU GOUVERNEMENT DE PARIS.

Du 7 au 8 Pluviôse.

Adjudant de Place de service à l'État-major.................... VIART.
Adjudant de Place de ronde de nuit............................. VILLERS.

Visite aux Casernes, Prisons, Hôpital, et distribution de fourrages.

Rive droite de la Seine : le Capitaine Adjudant de Place............... VILLERS.
Rive gauche : le Capitaine Adjudant de Place....................... GRAILLARD.

Du 8 au 9 Pluviôse.

Adjudant de Place de service à l'État-major........................ COTEAU.
Adjudant de Place de ronde de nuit............................... GRAILLARD.

Visite aux Casernes, Prisons, Hôpital, et distribution de fourrages.

Rive droite de la Seine : le Capitaine Adjudant de Place............... GRAILLARD.
Rive gauche : le Capitaine Adjudant de Place .... VIART.

Rien de nouveau.

Le Général de Brigade, Chef de l'État-major général du Gouvernement de Paris et de la première Division militaire,

CÉSAR BERTHIER.

Pour copie conforme :

L'Adjudant-commandant, Sous-chef de l'État-major général du Gouvernement de Paris,

DOUCET.

ÉTAT-MAJOR
DU GOUVERNEMENT DE PARIS.

ORDRE du 8 Pluviôse an 13.

SERVICE DE L'ÉTAT-MAJOR DU GOUVERNEMENT DE PARIS.

Du 8 au 9 Pluviôse.

Adjudant de Place de service à l'État-major......................... COTEAU.
Adjudant de Place de ronde de nuit................................. GRAILLARD.

Visite aux Casernes, Prisons, Hôpital, et distribution de fourrages.

Rive droite de la Seine : le Capitaine Adjudant de Place.................. GRAILLARD.
Rive gauche : le Capitaine Adjudant de Place....................... VIART.

Du 9 au 10 Pluviôse.

Adjudant de Place de service à l'État-major..................... ...... CORDIEZ.
Adjudant de Place de ronde de nuit................................ VIART.

Visite aux Casernes, Prisons, Hôpital, et distribution de fourrages.

Rive droite de la Seine : le Capitaine Adjudant de Place.................. VIART.
Rive gauche : le Capitaine Adjudant de Place....................... COTEAU.

Rien de nouveau.

Le Général de Brigade, Chef de l'État-major général du Gouvernement de Paris et de la première Division militaire,

CÉSAR BERTHIER.

Pour copie conforme :

L'Adjudant-commandant, Sous-chef de l'État-major général du Gouvernement de Paris;

DOUCET.

ÉTAT-MAJOR
DU GOUVERNEMENT DE PARIS.

 ORDRE du 9 Pluviôse an 13.

SERVICE DE L'ÉTAT-MAJOR DU GOUVERNEMENT DE PARIS.

Du 9 au 10 Pluviôse.

Adjudant de Place de service à l'État-major................. CORDIEZ.
Adjudant de Place de ronde de nuit............................ VIART.

Visite aux Casernes, Prisons, Hôpital, et distribution de fourrages.

Rive droite de la Seine : le Capitaine Adjudant de Place................. VIART.
Rive gauche : le Capitaine Adjudant de Place........................ COTEAU.

Du 10 au 11 Pluviôse.

Adjudant de Place de service à l'État-major......................... CARON.
Adjudant de Place de ronde de nuit................................. COTEAU.

Visite aux Casernes, Prisons, Hôpital, et distribution de fourrages.

Rive droite de la Seine : le Capitaine Adjudant de Place................. COTEAU.
Rive gauche : le Capitaine Adjudant de Place .... CORDIEZ.

Rien de nouveau.

Le Général de Brigade, Chef de l'État-major général du Gouvernement de Paris et de la première Division militaire,

CÉSAR BERTHIER.

Pour copie conforme :

L'Adjudant-commandant, Sous-chef de l'État-major général du Gouvernement de Paris;

DOUCET.

ÉTAT-MAJOR
DU GOUVERNEMENT DE PARIS.

ORDRE du 10 Pluviôse an 13.

SERVICE DE L'ÉTAT-MAJOR DU GOUVERNEMENT DE PARIS.

Du 10 au 11 Pluviôse.

Adjudant de Place de service à l'État-major........................ CARON.
Adjudant de Place de ronde de nuit................................ COTEAU.

Visite aux Casernes, Prisons, Hôpital, et distribution de fourrages.

Rive droite de la Seine : le Capitaine Adjudant de Place.................. COTEAU.
Rive gauche : le Capitaine Adjudant de Place .... CORDIEZ.

Du 11 au 12 Pluviôse.

Adjudant de Place de service à l'État-major...................... VILLERS.
Adjudant de Place de ronde de nuit............................... CORDIEZ.

Visite aux Casernes, Prisons, Hôpital, et distribution de fourrages.

Rive droite de la Seine : le Capitaine Adjudant de Place................. CORDIEZ.
Rive gauche : le Capitaine Adjudant de Place........................ CARON.

Rien de nouveau.

Le Général de Brigade, Chef de l'État-major général du Gouvernement de Paris et de la première Division militaire,

CÉSAR BERTHIER.

Pour copie conforme :

L'Adjudant-commandant, Sous-chef de l'État-major général du Gouvernement de Paris,

DOUCET.

ÉTAT-MAJOR
DU GOUVERNEMENT DE PARIS.

ORDRE du 11 Pluviôse an 13.

SERVICE DE L'ÉTAT-MAJOR DU GOUVERNEMENT DE PARIS.

Du 11 au 12 Pluviôse.

Adjudant de Place de service à l'État-major.................... VILLERS.
Adjudant de Place de ronde de nuit............................. CORDIEZ.

Visite aux Casernes, Prisons, Hôpital, et distribution de fourrages.

Rive droite de la Seine : le Capitaine Adjudant de Place................ CORDIEZ.
Rive gauche : le Capitaine Adjudant de Place...................... CARON.

Du 12 au 13 Pluviôse.

Adjudant de Place de service à l'État-major...................... GRAILLARD.
Adjudant de Place de ronde de nuit............................. CARON.

Visite aux Casernes, Prisons, Hôpital, et distribution de fourrages.

Rive droite de la Seine : le Capitaine Adjudant de Place................ CARON.
Rive gauche : le Capitaine Adjudant de Place .... VILLERS.

Rien de nouveau.

Le Général de Brigade, Chef de l'État-major général du Gouvernement de Paris et de la première Division militaire,

CÉSAR BERTHIER.

Pour copie conforme :

L'Adjudant-commandant, Sous-chef de l'État-major général du Gouvernement de Paris,

DOUCET.

ÉTAT-MAJOR
DU GOUVERNEMENT DE PARIS.

ORDRE du 12 Pluviôse an 13.

SERVICE DE L'ÉTAT-MAJOR DU GOUVERNEMENT DE PARIS.

Du 12 au 13 Pluviôse.

Adjudant de Place de service à l'État-major.......................... GRAILLARD.
Adjudant de Place de ronde de nuit................................. CARON.

Visite aux Casernes, Prisons, Hôpital, et distribution de fourrages.

Rive droite de la Seine : le Capitaine Adjudant de Place................ CARON.
Rive gauche : le Capitaine Adjudant de Place .... VILLERS.

Du 13 au 14 Pluviôse.

Adjudant de Place de service à l'État-major.......................... SANSON.
Adjudant de Place de ronde de nuit................................. VILLERS.

Visite aux Casernes, Prisons, Hôpital, et distribution de fourrages.

Rive droite de la Seine : le Capitaine Adjudant de Place................ VILLERS.
Rive gauche : le Capitaine Adjudant de Place........................ GRAILLARD.

Rien de nouveau.

Le Général de Brigade, Chef de l'État-major général du Gouvernement de Paris et de la première Division militaire,

CÉSAR BERTHIER.

Pour copie conforme :

L'Adjudant-commandant, Sous-chef de l'État-major général du Gouvernement de Paris,

DOUCET.

ÉTAT-MAJOR
DU GOUVERNEMENT DE PARIS.

ORDRE du 13 Pluviôse an 13.

SERVICE DE L'ÉTAT-MAJOR DU GOUVERNEMENT DE PARIS.

Du 13 au 14 Pluviôse.

Adjudant de Place de service à l'État-major.................... SANSON.
Adjudant de Place de ronde de nuit............................ VILLERS.

Visite aux Casernes, Prisons, Hôpital, et distribution de fourrages.

Rive droite de la Seine : le Capitaine Adjudant de Place................ VILLERS.
Rive gauche : le Capitaine Adjudant de Place........................ GRAILLARD.

Du 14 au 15 Pluviôse.

Adjudant de Place de service à l'État-major........................ COTEAU.
Adjudant de Place de ronde de nuit............................... GRAILLARD.

Visite aux Casernes, Prisons, Hôpital, et distribution de fourrages.

Rive droite de la Seine : le Capitaine Adjudant de Place................ GRAILLARD.
Rive gauche : le Lieutenant Adjudant de Place....................... SANSON.

Rien de nouveau.

Le Général de Brigade, Chef de l'État-major général du Gouvernement de Paris et de la première Division militaire,

CÉSAR BERTHIER.

Pour copie conforme :

L'Adjudant-commandant, Sous-chef de l'État-major général du Gouvernement de Paris

DOUCET.

ÉTAT-MAJOR
DU GOUVERNEMENT DE PARIS.

ORDRE du 14 Pluviôse an 13.

SERVICE DE L'ÉTAT-MAJOR DU GOUVERNEMENT DE PARIS.

Du 14 au 15 Pluviôse.

Adjudant de Place de service à l'État-major.................	COTEAU.
Adjudant de Place de ronde de nuit........................	GRAILLARD.

Visite aux Casernes, Prisons, Hôpital, et distribution de fourrages.

Rive droite de la Seine : le Capitaine Adjudant de Place..........	GRAILLARD.
Rive gauche : le Lieutenant Adjudant de Place...............	SANSON.

Du 15 au 16 Pluviôse.

Adjudant de Place de service à l'État-major.................	CORDIEZ.
Adjudant de Place de ronde de nuit........................	SANSON.

Visite aux Casernes, Prisons, Hôpital, et distribution de fourrages.

Rive droite de la Seine : le Lieutenant Adjudant de Place..........	SANSON.
Rive gauche : le Capitaine Adjudant de Place...............	COTEAU.

Rien de nouveau.

Le Général de Brigade, Chef de l'État-major général du Gouvernement de Paris et de la première Division militaire,

CÉSAR BERTHIER.

Pour copie conforme :

L'Adjudant-commandant, Sous-chef de l'État-major général du Gouvernement de Paris,

DOUCET.

ÉTAT-MAJOR
DU GOUVERNEMENT DE PARIS.

ORDRE du 15 Pluviôse an 13.

SERVICE DE L'ÉTAT-MAJOR DU GOUVERNEMENT DE PARIS.

Du 15 au 16 Pluviôse.

Adjudant de Place de service à l'État-major...................	CORDIEZ.
Adjudant de Place de ronde de nuit................................	SANSON.

Visite aux Casernes, Prisons, Hôpital, et distribution de fourrages.

Rive droite de la Seine : le Lieutenant Adjudant de Place................	SANSON.
Rive gauche : le Capitaine Adjudant de Place........................	COTEAU.

Du 16 au 17 Pluviôse.

Adjudant de Place de service à l'État-major........................	CARON.
Adjudant de Place de ronde de nuit................................	COTEAU.

Visite aux Casernes, Prisons, Hôpital, et distribution de fourrages.

Rive droite de la Seine : le Capitaine Adjudant de Place................	COTEAU.
Rive gauche : le Lieutenant Adjudant de Place........................	CORDIEZ.

Rien de nouveau.

Le Général de Brigade, Chef de l'État-major général du Gouvernement de Paris et de la première Division militaire,

CÉSAR BERTHIER.

Pour copie conforme :

L'Adjudant-commandant, Sous-chef de l'État-major général du Gouvernement de Paris,

DOUCET.

ÉTAT-MAJOR
DU GOUVERNEMENT DE PARIS.

ORDRE du 16 Pluviôse an 13.

SERVICE DE L'ÉTAT-MAJOR DU GOUVERNEMENT DE PARIS.

Du 16 au 17 Pluviôse.

Adjudant de Place de service à l'État-major.......................... CARON.
Adjudant de Place de ronde de nuit................................ COTEAU.

Visite aux Casernes, Prisons, Hôpital, et distribution de fourrages.

Rive droite de la Seine : le Capitaine Adjudant de Place................. COTEAU.
Rive gauche : le Capitaine Adjudant de Place........................ CORDIEZ.

Du 17 au 18 Pluviôse.

Adjudant de Place de service à l'État-major.......................... VILLERS.
Adjudant de Place de ronde de nuit................................ CORDIEZ.

Visite aux Casernes, Prisons, Hôpital, et distribution de fourrages.

Rive droite de la Seine : le Capitaine Adjudant de Place................. CORDIEZ.
Rive gauche : le Capitaine Adjudant de Place........................ CARON.

Rien de nouveau.

Le Général de Brigade, Chef de l'État-major général du Gouvernement de Paris et de la première Division militaire,

CÉSAR BERTHIER.

Pour copie conforme :

L'Adjudant-commandant, Sous-chef de l'État-major général du Gouvernement de Paris,

DOUCET.

ÉTAT-MAJOR
DU GOUVERNEMENT DE PARIS.

ORDRE du 17 Pluviôse an 13.

SERVICE DE L'ÉTAT-MAJOR DU GOUVERNEMENT DE PARIS.

Du 17 au 18 Pluviôse.

Adjudant de Place de service à l'État-major............................. VILLERS.
Adjudant de Place de ronde de nuit................................... CORDIEZ.

Visite aux Casernes, Prisons, Hôpital, et distribution de fourrages.

Rive droite de la Seine : le Capitaine Adjudant de Place............... CORDIEZ.
Rive gauche : le Capitaine Adjudant de Place......................... CARON.

Du 18 au 19 Pluviôse.

Adjudant de Place de service à l'État-major............................. GRAILLARD.
Adjudant de Place de ronde de nuit................................... CARON.

Visite aux Casernes, Prisons, Hôpital, et distribution de fourrages.

Rive droite de la Seine : le Capitaine Adjudant de Place............... CARON.
Rive gauche : le Capitaine Adjudant de Place......................... VILLERS.

Rien de nouveau.

Le Général de Brigade, Chef de l'État-major général du Gouvernement de Paris et de la première Division militaire,

CÉSAR BERTHIER.

Pour copie conforme :

L'Adjudant-commandant, Sous-chef de l'État-major général du Gouvernement de Paris,

DOUCET.

ÉTAT-MAJOR
DU GOUVERNEMENT DE PARIS.

ORDRE du 18 Pluviôse an 13.

SERVICE DE L'ÉTAT-MAJOR DU GOUVERNEMENT DE PARIS.

Du 18 au 19 Pluviôse.

Adjudant de Place de service à l'État-major............................. GRAILLARD.
Adjudant de Place de ronde de nuit................................. CARON.

Visite aux Casernes, Prisons, Hôpital, et distribution de fourrages.

Rive droite de la Seine : le Capitaine Adjudant de Place................. CARON.
Rive gauche : le Capitaine Adjudant de Place......................... VILLERS.

Du 19 au 20 Pluviôse.

Adjudant de Place de service à l'État-major......................... SANSON.
Adjudant de Place de ronde de nuit................................. VILLERS.

Visite aux Casernes, Prisons, Hôpital, et distribution de fourrages.

Rive droite de la Seine : le Capitaine Adjudant de Place................. VILLERS.
Rive gauche : le Capitaine Adjudant de Place......................... GRAILLARD.

Rien de nouveau.

Le Général de Brigade, Chef de l'État-major général du Gouvernement de Paris et de la première Division militaire,

CÉSAR BERTHIER.

Pour copie conforme :

L'Adjudant-commandant, Sous-chef de l'État-major général du Gouvernement de Paris,

DOUCET.

ÉTAT-MAJOR
DU GOUVERNEMENT DE PARIS.

ORDRE du 19 Pluviôse an 13.

SERVICE DE L'ÉTAT-MAJOR DU GOUVERNEMENT DE PARIS.

Du 19 au 20 Pluviôse.

Adjudant de Place de service à l'État-major.................. SANSON.
Adjudant de Place de ronde de nuit............................ VILLERS.

Visite aux Casernes, Prisons, Hôpital, et distribution de fourrages.

Rive droite de la Seine : le Capitaine Adjudant de Place............... VILLERS.
Rive gauche : le Capitaine Adjudant de Place....................... GRAILLARD.

Du 20 au 21 Pluviôse.

Adjudant de Place de service à l'État-major.................. VIART.
Adjudant de Place de ronde de nuit............................ GRAILLARD.

Visite aux Casernes, Prisons, Hôpital, et distribution de fourrages.

Rive droite de la Seine : le Capitaine Adjudant de Place............... GRAILLARD.
Rive gauche : le Lieutenant Adjudant de Place....................... SANSON.

Rien de nouveau.

Le Général de Brigade, Chef de l'État-major général du Gouvernement de Paris et de la première Division militaire,

CÉSAR BERTHIER.

Pour copie conforme :

L'Adjudant-commandant, Sous-chef de l'État-major général du Gouvernement de Paris,

DOUCET.

ÉTAT-MAJOR
DU GOUVERNEMENT DE PARIS.

ORDRE du 20 Pluviôse an 13.

SERVICE DE L'ÉTAT-MAJOR DU GOUVERNEMENT DE PARIS.

Du 20 au 21 Pluviôse.

Adjudant de Place de service à l'État-major.......................... VIART.
Adjudant de Place de ronde de nuit.................................. GRAILLARD.

Visite aux Casernes, Prisons, Hôpital, et distribution de fourrages.

Rive droite de la Seine : le Capitaine Adjudant de Place................ GRAILLARD.
Rive gauche : le Lieutenant Adjudant de Place...................... SANSON.

Du 21 au 22 Pluviôse.

Adjudant de Place de service à l'État-major.......................... CORDIEZ.
Adjudant de Place de ronde de nuit.................................. SANSON.

Visite aux Casernes, Prisons, Hôpital, et distribution de fourrages.

Rive droite de la Seine : le Lieutenant Adjudant de Place............... SANSON.
Rive gauche : le Capitaine Adjudant de Place........................ VIART.

Rien de nouveau.

Le Général de Brigade, Chef de l'État-major général du Gouvernement de Paris et de la première Division militaire,

CÉSAR BERTHIER.

Pour copie conforme :

L'Adjudant-commandant, Sous-chef de l'État-major général du Gouvernement de Paris ;

DOUCET.

ÉTAT-MAJOR
DU GOUVERNEMENT DE PARIS.

Ordre du 21 Pluviôse an 13.

SERVICE DE L'ÉTAT-MAJOR DU GOUVERNEMENT DE PARIS.

Du 21 au 22 Pluviôse.

Adjudant de Place de service à l'État-major.................... Cordiez.
Adjudant de Place de ronde de nuit............................. Sanson.

Visite aux Casernes, Prisons, Hôpital, et distribution de fourrages.

Rive droite de la Seine : le Lieutenant Adjudant de Place................. Sanson.
Rive gauche : le Capitaine Adjudant de Place....................... Viart.

Du 22 au 23 Pluviôse.

Adjudant de Place de service à l'État-major........................ Caron.
Adjudant de Place de ronde de nuit.............................. Viart.

Visite aux Casernes, Prisons, Hôpital, et distribution de fourrages.

Rive droite de la Seine : le Capitaine Adjudant de Place................. Viart.
Rive gauche : le Capitaine Adjudant de Place....................... Cordiez.

Rien de nouveau.

Le Général de Brigade, Chef de l'État-major général du Gouvernement de Paris et de la première Division militaire,

César BERTHIER.

Pour copie conforme :

L'Adjudant-commandant, Sous-chef de l'État-major général du Gouvernement de Paris,

DOUCET.

ÉTAT-MAJOR
DU GOUVERNEMENT DE PARIS.

ORDRE du 22 Pluviôse an 13.

SERVICE DE L'ÉTAT-MAJOR DU GOUVERNEMENT DE PARIS.

Du 22 au 23 Pluviôse.

Adjudant de Place de service à l'État-major...................... CARON.
Adjudant de Place de ronde de nuit................................ VIART.

Visite aux Casernes, Prisons, Hôpital, et distribution de fourrages.

Rive droite de la Seine : le Capitaine Adjudant de Place............... VIART.
Rive gauche : le Capitaine Adjudant de Place........................ CORDIEZ.

Du 23 au 24 Pluviôse.

Adjudant de Place de service à l'État-major...................... VILLERS.
Adjudant de Place de ronde de nuit................................ CORDIEZ.

Visite aux Casernes, Prisons, Hôpital, et distribution de fourrages.

Rive droite de la Seine : le Capitaine Adjudant de Place............... CORDIEZ.
Rive gauche : le Capitaine Adjudant de Place........................ CARON.

ORDRE DU JOUR, du 21 Pluviôse an 13.

D'après les ordres de Son Altesse Sérénissime Monseigneur le Prince MURAT, grand Amiral, Gouverneur de Paris, le Général chef de l'État-Major général du Gouvernement, prévient Messieurs les Colonels des régimens de la Garde municipale, que Son Altesse recevant continuellement des plaintes très-graves contre plusieurs Officiers desdits régimens, vient d'en punir deux avec sévérité.

C'est avec beaucoup de peine qu'elle voit que ceux qui, par leurs fonctions, sont spécialement chargés de maintenir l'ordre et la tranquillité dans cette grande commune, qui doivent protéger l'autorité civile et soutenir la police, s'écartent de ces principes et oublient leurs devoirs d'une manière dangereuse pour la sûreté publique.

Son Altesse Sérénissime charge Messieurs les Colonels de ces corps, de faire connaître aux Officiers et Soldats des régimens qu'ils commandent, que ceux contre lesquels elle recevra des plaintes fondées, seront cassés de leur grade à la tête du corps, et déclarés incapables de servir.

Elle espère cependant qu'ils sentiront l'importance de leurs fonctions, le but de leur institution, et qu'ils se conduiront mieux à l'avenir.

Le Général de Brigade, Chef de l'État-major général du Gouvernement de Paris et de la première Division militaire,

CÉSAR BERTHIER.

Pour copie conforme :

L'Adjudant-commandant, Sous-chef de l'État-major général du Gouvernement de Paris,

DOUCET.

ÉTAT-MAJOR
DU GOUVERNEMENT DE PARIS.

ORDRE du 23 Pluviôse an 13.

SERVICE DE L'ÉTAT-MAJOR DU GOUVERNEMENT DE PARIS.

Du 23 au 24 Pluviôse.

Adjudant de Place de service à l'État-major......................... VILLERS.
Adjudant de Place de ronde de nuit............................... CORDIEZ.

Visite aux Casernes, Prisons, Hôpital, et distribution de fourrages.

Rive droite de la Seine : le Capitaine Adjudant de Place................. CORDIEZ.
Rive gauche : le Capitaine Adjudant de Place........................ CARON.

Du 24 au 25 Pluviôse.

Adjudant de Place de service à l'État-major......................... GRAILLARD.
Adjudant de Place de ronde de nuit............................... CARON.

Visite aux Casernes, Prisons, Hôpital, et distribution de fourrages.

Rive droite de la Seine : le Capitaine Adjudant de Place................. CARON.
Rive gauche : le Capitaine Adjudant de Place........................ VILLERS.

Le Général de Brigade, Chef de l'État-major général du Gouvernement de Paris et de la première Division militaire,

CÉSAR BERTHIER.

Pour copie conforme :

L'Adjudant-commandant, Sous-chef de l'État-major général du Gouvernement de Paris,

DOUCET.

ÉTAT-MAJOR
DU GOUVERNEMENT DE PARIS.

Ordre du 24 Pluviôse an 13.

SERVICE DE L'ÉTAT-MAJOR DU GOUVERNEMENT DE PARIS.

Du 24 au 25 Pluviôse.

Adjudant de Place de service à l'État-major.................... Graillard.
Adjudant de Place de ronde de nuit............................. Caron.

Visite aux Casernes, Prisons, Hôpital, et distribution de fourrages.

Rive droite de la Seine : le Capitaine Adjudant de Place............... Caron.
Rive gauche : le Capitaine Adjudant de Place....................... Villers.

Du 25 au 26 Pluviôse.

Adjudant de Place de service à l'État-major.......................... Sanson.
Adjudant de Place de ronde de nuit................................ Villers.

Visite aux Casernes, Prisons, Hôpital, et distribution de fourrages.

Rive droite de la Seine : le Capitaine Adjudant de Place............... Villers.
Rive gauche : le Capitaine Adjudant de Place....................... Graillard.

Rien de nouveau.

Le Général de Brigade, Chef de l'État-major général du Gouvernement de Paris et de la première Division militaire,

César BERTHIER.

Pour copie conforme :

L'Adjudant-commandant, Sous-chef de l'État-major général du Gouvernement de Paris,

DOUCET.

ÉTAT-MAJOR
DU GOUVERNEMENT DE PARIS.

ORDRE du 25 Pluviôse an 13.

SERVICE DE L'ÉTAT-MAJOR DU GOUVERNEMENT DE PARIS.

Du 25 au 26 Pluviôse.

Adjudant de Place de service à l'État-major..........................	SANSON.
Adjudant de Place de ronde de nuit................................	VILLERS.

Visite aux Casernes, Prisons, Hôpital, et distribution de fourrages.

Rive droite de la Seine : le Capitaine Adjudant de Place.................	VILLERS.
Rive gauche : le Capitaine Adjudant de Place.........................	GRAILLARD.

Du 26 au 27 Pluviôse.

Adjudant de Place de service à l'État-major..........................	VIART.
Adjudant de Place de ronde de nuit................................	GRAILLARD.

Visite aux Casernes, Prisons, Hôpital, et distribution de fourrages.

Rive droite de la Seine : le Capitaine Adjudant de Place.................	GRAILLARD.
Rive gauche : le Lieutenant Adjudant de Place........................	SANSON.

Rien de nouveau.

Le Général de Brigade, Chef de l'État-major général du Gouvernement de Paris et de la première Division militaire,

CÉSAR BERTHIER.

Pour copie conforme :

L'Adjudant-commandant, Sous-chef de l'État-major général du Gouvernement de Paris,

DOUCET.

ÉTAT-MAJOR
DU GOUVERNEMENT DE PARIS.

ORDRE du 26 Pluviôse an 13.

SERVICE DE L'ÉTAT-MAJOR DU GOUVERNEMENT DE PARIS.

Du 26 au 27 Pluviôse.

Adjudant de Place de service à l'État-major.................... VIART.
Adjudant de Place de ronde de nuit............................. GRAILLARD.

Visite aux Casernes, Prisons, Hôpital, et distribution de fourrages.

Rive droite de la Seine : le Capitaine Adjudant de Place................. GRAILLARD.
Rive gauche : le Lieutenant Adjudant de Place....................... SANSON.

Du 27 au 28 Pluviôse.

Adjudant de Place de service à l'État-major......................... COTEAU.
Adjudant de Place de ronde de nuit................................ SANSON.

Visite aux Casernes, Prisons, Hôpital, et distribution de fourrages.

Rive droite de la Seine : le Lieutenant Adjudant de Place................. SANSON.
Rive gauche : le Capitaine Adjudant de Place........................ VIART.

Rien de nouveau.

Le Général de Brigade, Chef de l'État-major général du Gouvernement de Paris et de la première Division militaire,

CÉSAR BERTHIER.

Pour copie conforme :

L'Adjudant-commandant, Sous-chef de l'État-major général du Gouvernement de Paris,

DOUCET.

ÉTAT-MAJOR
DU GOUVERNEMENT DE PARIS.

ORDRE du 27 Pluviôse an 13.

SERVICE DE L'ÉTAT-MAJOR DU GOUVERNEMENT DE PARIS.

Du 27 au 28 Pluviôse.

Adjudant de Place de service à l'État-major......................... COTEAU.
Adjudant de Place de ronde de nuit................................. SANSON.

Visite aux Casernes, Prisons, Hôpital, et distribution de fourrages.

Rive droite de la Seine : le Lieutenant Adjudant de Place................ SANSON.
Rive gauche : le Capitaine Adjudant de Place........................ VIART.

Du 28 au 29 Pluviôse.

Adjudant de Place de service à l'État-major......................... CARON.
Adjudant de Place de ronde de nuit................................. VIART.

Visite aux Casernes, Prisons, Hôpital, et distribution de fourrages.

Rive droite de la Seine : le Capitaine Adjudant de Place................ VIART.
Rive gauche : le Capitaine Adjudant de Place........................ COTEAU.

Rien de nouveau.

Le Général de Brigade, Chef de l'État-major général du Gouvernement de Paris et de la première Division militaire,

CÉSAR BERTHIER.

Pour copie conforme :

L'Adjudant-commandant, Sous-chef de l'État-major général du Gouvernement de Paris,

DOUCET.

ÉTAT-MAJOR
DU GOUVERNEMENT DE PARIS.

ORDRE du 28 Pluviôse an 13.

SERVICE DE L'ÉTAT-MAJOR DU GOUVERNEMENT DE PARIS.

Du 28 au 29 Pluviôse.

Adjudant de Place de service à l'État-major.................. ...... CARON.
Adjudant de Place de ronde de nuit.............................. VIART.

Visite aux Casernes, Prisons, Hôpital, et distribution de fourrages.

Rive droite de la Seine : le Capitaine Adjudant de Place................ VIART.
Rive gauche : le Capitaine Adjudant de Place...................... COTEAU.

Du 29 au 30 Pluviôse.

Adjudant de Place de service à l'État-major....................... VILLERS.
Adjudant de Place de ronde de nuit.............................. COTEAU.

Visite aux Casernes, Prisons, Hôpital, et distribution de fourrages.

Rive droite de la Seine : le Capitaine Adjudant de Place................ COTEAU.
Rive gauche : le Capitaine Adjudant de Place...................... CARON.

Rien de nouveau.

Le Général de Brigade, Chef de l'État-major général du Gouvernement de Paris et de la première Division militaire,

CÉSAR BERTHIER.

Pour copie conforme :

L'Adjudant-commandant, Sous-chef de l'État-major général du Gouvernement de Paris,

DOUCET.

ÉTAT-MAJOR
DU GOUVERNEMENT DE PARIS.

ORDRE du 29 Pluviôse an 13.

SERVICE DE L'ÉTAT-MAJOR DU GOUVERNEMENT DE PARIS.

Du 29 au 30 Pluviôse.

Adjudant de Place de service à l'État-major.........................	VILLERS.
Adjudant de Place de ronde de nuit...............................	COTEAU.

Visite aux Casernes, Prisons, Hôpital, et distribution de fourrages.

Rive droite de la Seine : le Capitaine Adjudant de Place................	COTEAU.
Rive gauche : le Capitaine Adjudant de Place........................	CARON.

Du 30 Pluviôse au 1.er Ventôse.

Adjudant de Place de service à l'État-major.........................	GRAILLARD.
Adjudant de Place de ronde de nuit...............................	CARON.

Visite aux Casernes, Prisons, Hôpital, et distribution de fourrages.

Rive droite de la Seine : le Capitaine Adjudant de Place................	CARON.
Rive gauche : le Capitaine Adjudant de Place........................	VILLERS.

Rien de nouveau.

Le Général de Brigade, Chef de l'État-major général du Gouvernement de Paris et de la première Division militaire,

CÉSAR BERTHIER.

Pour copie conforme :

L'Adjudant-commandant, Sous-chef de l'État-major général du Gouvernement de Paris,

DOUCET.

ÉTAT-MAJOR
DU GOUVERNEMENT DE PARIS.

ORDRE du 30 Pluviôse an 13.

SERVICE DE L'ÉTAT-MAJOR DU GOUVERNEMENT DE PARIS.

Du 30 Pluviôse au 1.er Ventôse.

Adjudant de Place de service à l'État-major.................... .... GRAILLARD.
Adjudant de Place de ronde de nuit............................... CARON.

Visite aux Casernes, Prisons, Hôpital, et distribution de fourrages.

Rive droite de la Seine : le Capitaine Adjudant de Place................. CARON.
Rive gauche : le Capitaine Adjudant de Place...................... VILLERS.

Du 1.er au 2 Ventôse.

Adjudant de Place de service à l'État-major.......................... SANSON.
Adjudant de Place de ronde de nuit................................ VILLERS.

Visite aux Casernes, Prisons, Hôpital, et distribution de fourrages.

Rive droite de la Seine : le Capitaine Adjudant de Place................. VILLERS.
Rive gauche : le Capitaine Adjudant de Place....................... GRAILLARD.

Corvées.

Le 18.e Régiment d'Infanterie de ligne, fournira pendant le mois de Ventôse prochain, tous les hommes de corvées nécessaires aux travaux du dépôt central de l'Artillerie, sur la réquisition particulière de M. le Général St *Laurent*, Directeur dudit dépôt.

Le Général de Brigade, Chef de l'État-major général du Gouvernement de Paris et de la première Division militaire,

CÉSAR BERTHIER.

Pour copie conforme :

L'Adjudant-commandant, Sous-chef de l'État-major général du Gouvernement de Paris,

DOUCET.

ÉTAT-MAJOR
DU GOUVERNEMENT DE PARIS.

ORDRE du 1.er Ventôse an 13.

SERVICE DE L'ÉTAT-MAJOR DU GOUVERNEMENT DE PARIS.

Du 1.er au 2 Ventôse.

Adjudant de Place de service à l'État-major......................... SANSON.
Adjudant de Place de ronde de nuit............................... VILLERS.

Visite aux Casernes, Prisons, Hôpital, et distribution de fourrages.

Rive droite de la Seine : le Capitaine Adjudant de Place................ VILLERS.
Rive gauche : le Capitaine Adjudant de Place....................... GRAILLARD.

Du 2 au 3 Ventôse.

Adjudant de Place de service à l'État-major......................... VIART.
Adjudant de Place de ronde de nuit............................... GRAILLARD.

Visite aux Casernes, Prisons, Hôpital, et distribution de fourrages.

Rive droite de la Seine : le Capitaine Adjudant de Place................ GRAILLARD.
Rive gauche : le Lieutenant Adjudant de Place...................... SANSON.

Rien de nouveau.

Le Général de Brigade, Chef de l'État-major général du Gouvernement de Paris et de la première Division militaire,

CÉSAR BERTHIER.

Pour copie conforme :

L'Adjudant-commandant, Sous-chef de l'État-major général du Gouvernement de Paris,

DOUCET.

ÉTAT-MAJOR
DU GOUVERNEMENT DE PARIS.

ORDRE du 2 Ventôse an 13.

SERVICE DE L'ÉTAT-MAJOR DU GOUVERNEMENT DE PARIS.

Du 2 au 3 Ventôse.

Adjudant de Place de service à l'État-major.................. VIART.
Adjudant de Place de ronde de nuit.............................. GRAILLARD.

Visite aux Casernes, Prisons, Hôpital, et distribution de fourrages.

Rive droite de la Seine : le Capitaine Adjudant de Place.............. GRAILLARD.
Rive gauche : le Lieutenant Adjudant de Place...................... SANSON.

Du 3 au 4 Ventôse.

Adjudant de Place de service à l'État-major...................... COTEAU.
Adjudant de Place de ronde de nuit.............................. SANSON.

Visite aux Casernes, Prisons, Hôpital, et distribution de fourrages.

Rive droite de la Seine : le Lieutenant Adjudant de Place.............. SANSON.
Rive gauche : le Capitaine Adjudant de Place...................... VIART.

Rien de nouveau.

Le Général de Brigade, Chef de l'État-major général du Gouvernement de Paris et de la première Division militaire,

CÉSAR BERTHIER.

Pour copie conforme :

L'Adjudant-commandant, Sous-chef de l'État-major général du Gouvernement de Paris,

DOUCET.

ÉTAT-MAJOR
DU GOUVERNEMENT DE PARIS.

ORDRE du 3 Ventôse an 13.

SERVICE DE L'ÉTAT-MAJOR DU GOUVERNEMENT DE PARIS.

Du 3 au 4 Ventôse.

Adjudant de Place de service à l'État-major.................... COTEAU.
Adjudant de Place de ronde de nuit.............................. SANSON.

Visite aux Casernes, Prisons, Hôpital, et distribution de fourrages.

Rive droite de la Seine : le Lieutenant Adjudant de Place................ SANSON.
Rive gauche : le Capitaine Adjudant de Place........................ VIART.

Du 4 au 5 Ventôse.

Adjudant de Place de service à l'État-major.................... CORDIEZ.
Adjudant de Place de ronde de nuit.............................. VIART.

Visite aux Casernes, Prisons, Hôpital, et distribution de fourrages.

Rive droite de la Seine : le Capitaine Adjudant de Place................ VIART.
Rive gauche : le Capitaine Adjudant de Place........................ COTEAU.

Rien de nouveau.

Le Général de Brigade, Chef de l'État-major général du Gouvernement de Paris et de la première Division militaire,

CÉSAR BERTHIER.

Pour copie conforme :

L'Adjudant-commandant, Sous-chef de l'État-major général du Gouvernement de Paris;

DOUCET.

ÉTAT-MAJOR
DU GOUVERNEMENT DE PARIS.

ORDRE du 4 Ventôse an 13.

SERVICE DE L'ÉTAT-MAJOR DU GOUVERNEMENT DE PARIS.

Du 4 au 5 Ventôse.

Adjudant de Place de service à l'État-major............................	CORDIEZ.
Adjudant de Place de ronde de nuit....................................	VIART.

Visite aux Casernes, Prisons, Hôpital, et distribution de fourrages.

Rive droite de la Seine : le Capitaine Adjudant de Place.................	VIART.
Rive gauche : le Capitaine Adjudant de Place..........................	COTEAU.

Du 5 au 6 Ventôse.

Adjudant de Place de service à l'État-major............................	VILLERS.
Adjudant de Place de ronde de nuit....................................	COTEAU.

Visite aux Casernes, Prisons, Hôpital, et distribution de fourrages.

Rive droite de la Seine : le Capitaine Adjudant de Place.................	COTEAU.
Rive gauche : le Capitaine Adjudant de Place..........................	CORDIEZ.

Rien de nouveau.

Le Général de Brigade, Chef de l'État-major général du Gouvernement de Paris et de la première Division militaire,

CÉSAR BERTHIER.

Pour copie conforme :

L'Adjudant-commandant, Sous-chef de l'État-major général du Gouvernement de Paris,

DOUCET.

ÉTAT-MAJOR
DU GOUVERNEMENT DE PARIS.

ORDRE du 5 Ventôse an 13.

SERVICE DE L'ÉTAT-MAJOR DU GOUVERNEMENT DE PARIS.

Du 5 au 6 Ventôse.

Adjudant de Place de service à l'État-major........................ VILLERS.
Adjudant de Place de ronde de nuit.............................. COTEAU.

Visite aux Casernes, Prisons, Hôpital, et distribution de fourrages.

Rive droite de la Seine : le Capitaine Adjudant de Place................. COTEAU.
Rive gauche : le Capitaine Adjudant de Place....................... CORDIEZ.

Du 6 au 7 Ventôse.

Adjudant de Place de service à l'État-major........................ GRAILLARD.
Adjudant de Place de ronde de nuit.............................. CORDIEZ.

Visite aux Casernes, Prisons, Hôpital, et distribution de fourrages.

Rive droite de la Seine : le Capitaine Adjudant de Place................. CORDIEZ.
Rive gauche : le Capitaine Adjudant de Place....................... VILLERS.

Rien de nouveau.

Le Général de Brigade, Chef de l'État-major général du Gouvernement de Paris et de la première Division militaire,

CÉSAR BERTHIER.

Pour copie conforme :

L'Adjudant-commandant, Sous-chef de l'État-major général du Gouvernement de Paris,

DOUCET.

ÉTAT-MAJOR
DU GOUVERNEMENT DE PARIS.

ORDRE du 6 Ventôse an 13.

SERVICE DE L'ÉTAT-MAJOR DU GOUVERNEMENT DE PARIS.

Du 6 au 7 Ventôse.

Adjudant de Place de service à l'État-major................... GRAILLARD.
Adjudant de Place de ronde de nuit............................ CORDIEZ.

Visite aux Casernes, Prisons, Hôpital, et distribution de fourrages.

Rive droite de la Seine : le Capitaine Adjudant de Place.................. CORDIEZ.
Rive gauche : le Capitaine Adjudant de Place....................... VILLERS.

Du 7 au 8 Ventôse.

Adjudant de Place de service à l'État-major........................ SANSON.
Adjudant de Place de ronde de nuit................................ VILLERS.

Visite aux Casernes, Prisons, Hôpital, et distribution de fourrages.

Rive droite de la Seine : le Capitaine Adjudant de Place.................. VILLERS.
Rive gauche : le Capitaine Adjudant de Place....................... GRAILLARD.

Rien de nouveau.

Le Général de Brigade, Chef de l'État-major général du Gouvernement de Paris et de la première Division militaire,

CÉSAR BERTHIER.

Pour copie conforme :

L'Adjudant-commandant, Sous-chef de l'État-major général du Gouvernement de Paris,

DOUCET.

ÉTAT-MAJOR
DU GOUVERNEMENT DE PARIS.

ORDRE du 7 Ventôse an 13.

SERVICE DE L'ÉTAT-MAJOR DU GOUVERNEMENT DE PARIS.

Du 7 au 8 Ventôse.

Adjudant de Place de service à l'État-major...................... SANSON.
Adjudant de Place de ronde de nuit............................... VILLERS.

Visite aux Casernes, Prisons, Hôpital, et distribution de fourrages.

Rive droite de la Seine : le Capitaine Adjudant de Place................. VILLERS.
Rive gauche : le Capitaine Adjudant de Place......................... GRAILLARD.

Du 8 au 9 Ventôse.

Adjudant de Place de service à l'État-major...................... VIART.
Adjudant de Place de ronde de nuit............................... GRAILLARD.

Visite aux Casernes, Prisons, Hôpital, et distribution de fourrages.

Rive droite de la Seine : le Capitaine Adjudant de Place................. GRAILLARD.
Rive gauche : le Lieutenant Adjudant de Place......................... SANSON.

Rien de nouveau.

Le Général de Brigade, Chef de l'État-major général du Gouvernement de Paris et de la première Division militaire,

CÉSAR BERTHIER.

Pour copie conforme :

L'Adjudant-commandant, Sous-chef de l'État-major général du Gouvernement de Paris,

DOUCET.

ÉTAT-MAJOR
DU GOUVERNEMENT DE PARIS.

ORDRE du 8 Ventôse an 13.

SERVICE DE L'ÉTAT-MAJOR DU GOUVERNEMENT DE PARIS.

Du 8 au 9 Ventôse.

Adjudant de Place de service à l'État-major.......................... VIART.
Adjudant de Place de ronde de nuit................................. GRAILLARD.

Visite aux Casernes, Prisons, Hôpital, et distribution de fourrages.

Rive droite de la Seine : le Capitaine Adjudant de Place................. GRAILLARD.
Rive gauche : le Lieutenant Adjudant de Place...................... SANSON.

Du 9 au 10 Ventôse.

Adjudant de Place de service à l'État-major.......................... COTEAU.
Adjudant de Place de ronde de nuit................................. SANSON.

Visite aux Casernes, Prisons, Hôpital, et distribution de fourrages.

Rive droite de la Seine : le Lieutenant Adjudant de Place............... SANSON.
Rive gauche : le Capitaine Adjudant de Place...................... VIART.

Rien de nouveau.

Le Général de Brigade, Chef de l'État-major général du Gouvernement de Paris et de la première Division militaire,

CÉSAR BERTHIER.

Pour copie conforme :

L'Adjudant-commandant, Sous-chef de l'État-major général du Gouvernement de Paris,

DOUCET.

ÉTAT-MAJOR
DU GOUVERNEMENT DE PARIS.

ORDRE du 9 Ventôse an 13.

SERVICE DE L'ÉTAT-MAJOR DU GOUVERNEMENT DE PARIS.

Du 9 au 10 Ventôse.

Adjudant de Place de service à l'État-major..........................	COTEAU.
Adjudant de Place de ronde de nuit.................................	SANSON.

Visite aux Casernes, Prisons, Hôpital, et distribution de fourrages.

Rive droite de la Seine : le Lieutenant Adjudant de Place................	SANSON.
Rive gauche : le Capitaine Adjudant de Place.........................	VIART.

Du 10 au 11 Ventôse.

Adjudant de Place de service à l'État-major..........................	CORDIEZ.
Adjudant de Place de ronde de nuit.................................	VIART.

Visite aux Casernes, Prisons, Hôpital, et distribution de fourrages.

Rive droite de la Seine : le Capitaine Adjudant de Place................	VIART.
Rive gauche : le Capitaine Adjudant de Place.........................	COTEAU.

Rien de nouveau.

Le Général de Brigade, Chef de l'État-major général du Gouvernement de Paris et de la première Division militaire,

CÉSAR BERTHIER.

Pour copie conforme :

L'Adjudant-commandant, Sous-chef de l'État-major général du Gouvernement de Paris,

DOUCET.

ÉTAT-MAJOR
DU GOUVERNEMENT DE PARIS.

ORDRE du 10 Ventôse an 13.

SERVICE DE L'ÉTAT-MAJOR DU GOUVERNEMENT DE PARIS.

Du 10 au 11 Ventôse.

Adjudant de Place de service à l'État-major...................... CORDIEZ.
Adjudant de Place de ronde de nuit............................. VIART.

Visite aux Casernes, Prisons, Hôpital, et distribution de fourrages.

Rive droite de la Seine : le Capitaine Adjudant de Place................ VIART.
Rive gauche : le Capitaine Adjudant de Place....................... COTEAU.

Du 11 au 12 Ventôse.

Adjudant de Place de service à l'État-major...................... CARON.
Adjudant de Place de ronde de nuit............................. COTEAU.

Visite aux Casernes, Prisons, Hôpital, et distribution de fourrages.

Rive droite de la Seine : le Capitaine Adjudant de Place................ COTEAU.
Rive gauche : le Capitaine Adjudant de Place....................... CORDIEZ.

Rien de nouveau.

Le Général de Brigade, Chef de l'État-major général du Gouvernement de Paris et de la première Division militaire,

CÉSAR BERTHIER.

Pour copie conforme :

L'Adjudant-commandant, Sous-chef de l'État-major général du Gouvernement de Paris;

DOUCET.

ÉTAT-MAJOR
DU GOUVERNEMENT DE PARIS.

ORDRE du 11 Ventôse an 13.

SERVICE DE L'ÉTAT-MAJOR DU GOUVERNEMENT DE PARIS.

Du 11 au 12 Ventôse.

Adjudant de Place de service à l'État-major.................	CARON.
Adjudant de Place de ronde de nuit.........................	COTEAU.

Visite aux Casernes, Prisons, Hôpital, et distribution de fourrages.

Rive droite de la Seine : le Capitaine Adjudant de Place.....	COTEAU.
Rive gauche : le Capitaine Adjudant de Place...............	CORDIEZ.

Du 12 au 13 Ventôse.

Adjudant de Place de service à l'État-major.................	GRAILLARD.
Adjudant de Place de ronde de nuit.........................	CORDIEZ.

Visite aux Casernes, Prisons, Hôpital, et distribution de fourrages.

Rive droite de la Seine : le Capitaine Adjudant de Place.....	CORDIEZ.
Rive gauche : le Capitaine Adjudant de Place...............	CARON.

Rien de nouveau.

Le Général de Brigade, Chef de l'État-major général du Gouvernement de Paris et de la première Division militaire,

CÉSAR BERTHIER.

Pour copie conforme :

L'Adjudant-commandant, Sous-chef de l'État-major général du Gouvernement de Paris ;

DOUCET.

ÉTAT-MAJOR
DU GOUVERNEMENT DE PARIS.

ORDRE du 12 Ventôse an 13.

SERVICE DE L'ÉTAT-MAJOR DU GOUVERNEMENT DE PARIS.

Du 12 au 13 Ventôse.

Adjudant de Place de service à l'État-major...................... GRAILLARD.
Adjudant de Place de ronde de nuit.............................. CORDIEZ.

Visite aux Casernes, Prisons, Hôpital, et distribution de fourrages.

Rive droite de la Seine : le Capitaine Adjudant de Place................ CORDIEZ.
Rive gauche : le Capitaine Adjudant de Place....................... CARON.

Du 13 au 14 Ventôse.

Adjudant de Place de service à l'État-major....................... SANSON.
Adjudant de Place de ronde de nuit.............................. CARON.

Visite aux Casernes, Prisons, Hôpital, et distribution de fourrages.

Rive droite de la Seine : le Capitaine Adjudant de Place................ CARON.
Rive gauche : le Capitaine Adjudant de Place....................... GRAILLARD.

Rien de nouveau.

Le Général de Brigade, Chef de l'État-major général du Gouvernement de Paris et de la première Division militaire,

CÉSAR BERTHIER.

Pour copie conforme :

L'Adjudant-commandant, Sous-chef de l'État-major général du Gouvernement de Paris;

DOUCET.

ÉTAT-MAJOR
DU GOUVERNEMENT DE PARIS.

ORDRE du 13 Ventôse an 13.

SERVICE DE L'ÉTAT-MAJOR DU GOUVERNEMENT DE PARIS.

Du 13 au 14 Ventôse.

Adjudant de Place de service à l'État-major.................... SANSON.
Adjudant de Place de ronde de nuit............................ CORDIEZ.

Visite aux Casernes, Prisons, Hôpital, et distribution de fourrages.

Rive droite de la Seine : le Capitaine Adjudant de Place............... CORDIEZ.
Rive gauche : le Capitaine Adjudant de Place....................... GRAILLARD.

Du 14 au 15 Ventôse.

Adjudant de Place de service à l'État-major.................... VIART.
Adjudant de Place de ronde de nuit............................ GRAILLARD.

Visite aux Casernes, Prisons, Hôpital, et distribution de fourrages.

Rive droite de la Seine : le Capitaine Adjudant de Place............... GRAILLARD.
Rive gauche : le Lieutenant Adjudant de Place..................... SANSON.

Rien de nouveau.

Le Général de Brigade, Chef de l'État-major général du Gouvernement de Paris et de la première Division militaire,

CÉSAR BERTHIER.

Pour copie conforme :

L'Adjudant-commandant, Sous-chef de l'État-major général du Gouvernement de Paris,

DOUCET.

ÉTAT-MAJOR
DU GOUVERNEMENT DE PARIS.

ORDRE du 14 Ventôse an 13.

SERVICE DE L'ÉTAT-MAJOR DU GOUVERNEMENT DE PARIS.

Du 14 au 15 Ventôse.

Adjudant de Place de service à l'État-major......................	VIART.
Adjudant de Place de ronde de nuit............................	GRAILLARD.

Visite aux Casernes, Prisons, Hôpital, et distribution de fourrages.

Rive droite de la Seine : le Capitaine Adjudant de Place................	GRAILLARD.
Rive gauche : le Lieutenant Adjudant de Place......................	SANSON.

Du 15 au 16 Ventôse.

Adjudant de Place de service à l'État-major......................	COTEAU.
Adjudant de Place de ronde de nuit............................	SANSON.

Visite aux Casernes, Prisons, Hôpital, et distribution de fourrages.

Rive droite de la Seine : le Lieutenant Adjudant de Place................	SANSON.
Rive gauche : le Capitaine Adjudant de Place......................	VIART.

Rien de nouveau.

Le Général de Brigade, Chef de l'État-major général du Gouvernement de Paris et de la première Division militaire,

CÉSAR BERTHIER.

Pour copie conforme :

L'Adjudant-commandant, Sous-chef de l'État-major général du Gouvernement de Paris,

DOUCET.

ÉTAT-MAJOR
DU GOUVERNEMENT DE PARIS.

ORDRE du 15 Ventôse an 13.

SERVICE DE L'ÉTAT-MAJOR DU GOUVERNEMENT DE PARIS.

Du 15 au 16 Ventôse.

Adjudant de Place de service à l'État-major.....................	COTEAU.
Adjudant de Place de ronde de nuit.............................	SANSON.

Visite aux Casernes, Prisons, Hôpital, et distribution de fourrages.

Rive droite de la Seine : le Lieutenant Adjudant de Place...............	SANSON.
Rive gauche : le Capitaine Adjudant de Place.........................	VIART.

Du 16 au 17 Ventôse.

Adjudant de Place de service à l'État-major.....................	CORDIEZ.
Adjudant de Place de ronde de nuit.............................	VIART.

Visite aux Casernes, Prisons, Hôpital, et distribution de fourrages.

Rive droite de la Seine : le Capitaine Adjudant de Place................	VIART.
Rive gauche : le Capitaine Adjudant de Place.........................	COTEAU.

Rien de nouveau.

Le Général de Brigade, Chef de l'État-major général du Gouvernement de Paris et de la première Division militaire,

CÉSAR BERTHIER.

Pour copie conforme :

L'Adjudant-commandant, Sous-chef de l'État-major général du Gouvernement de Paris,

DOUCET.

ÉTAT-MAJOR
DU GOUVERNEMENT DE PARIS

du 16 Ventôse an 13.

ÉTAT-MAJOR
DU GOUVERNEMENT DE PARIS.

ORDRE du 16 Ventôse an 13.

SERVICE DE L'ÉTAT-MAJOR DU GOUVERNEMENT DE PARIS.

Du 16 au 17 Ventôse.

Adjudant de Place de service à l'État-major........................	CORDIEZ.
Adjudant de Place de ronde de nuit................................	VIART.

Visite aux Casernes, Prisons, Hôpital, et distribution de fourrages.

Rive droite de la Seine : le Capitaine Adjudant de Place..............	VIART.
Rive gauche : le Capitaine Adjudant de Place........................	COTEAU.

Du 17 au 18 Ventôse.

Adjudant de Place de service à l'État-major........................	CARON.
Adjudant de Place de ronde de nuit................................	COTEAU.

Visite aux Casernes, Prisons, Hôpital, et distribution de fourrages.

Rive droite de la Seine : le Capitaine Adjudant de Place..............	COTEAU.
Rive gauche : le Capitaine Adjudant de Place........................	CORDIEZ.

Rien de nouveau.

Le Général de Brigade, Chef de l'État-major général du Gouvernement de Paris et de la première Division militaire,

CÉSAR BERTHIER.

Pour copie conforme :

L'Adjudant-commandant, Sous-chef de l'État-major général du Gouvernement de Paris,

DOUCET.

ÉTAT-MAJOR
DU GOUVERNEMENT DE PARIS.

ORDRE du 17 Ventôse an 13.

SERVICE DE L'ÉTAT-MAJOR DU GOUVERNEMENT DE PARIS.

Du 17 au 18 Ventôse.

Adjudant de Place de service à l'État-major.................. CARON.
Adjudant de Place de ronde de nuit........................... COTEAU.

Visite aux Casernes, Prisons, Hôpital, et distribution de fourrages.

Rive droite de la Seine : le Capitaine Adjudant de Place........ COTEAU.
Rive gauche : le Capitaine Adjudant de Place.................. CORDIEZ.

Du 18 au 19 Ventôse.

Adjudant de Place de service à l'État-major.................. VILLERS.
Adjudant de Place de ronde de nuit........................... CORDIEZ.

Visite aux Casernes, Prisons, Hôpital, et distribution de fourrages.

Rive droite de la Seine : le Capitaine Adjudant de Place........ CORDIEZ.
Rive gauche : le Capitaine Adjudant de Place.................. CARON.

Rien de nouveau.

Le Général de Brigade, Chef de l'État-major général du Gouvernement de Paris et de la première Division militaire,

CÉSAR BERTHIER.

Pour copie conforme :

L'Adjudant-commandant, Sous-chef de l'État-major général du Gouvernement de Paris,

DOUCET.

ÉTAT-MAJOR
DU GOUVERNEMENT DE PARIS.

ORDRE du 18 Ventôse an 13.

SERVICE DE L'ÉTAT-MAJOR DU GOUVERNEMENT DE PARIS.

Du 18 au 19 Ventôse.

Adjudant de Place de service à l'État-major....................	VILLERS.
Adjudant de Place de ronde de nuit............................	CORDIEZ.

Visite aux Casernes, Prisons, Hôpital, et distribution de fourrages.

Rive droite de la Seine : le Capitaine Adjudant de Place........	CORDIEZ.
Rive gauche : le Capitaine Adjudant de Place..................	CARON.

Du 19 au 20 Ventôse.

Adjudant de Place de service à l'État-major....................	SANSON.
Adjudant de Place de ronde de nuit............................	CARON.

Visite aux Casernes, Prisons, Hôpital, et distribution de fourrages.

Rive droite de la Seine : le Capitaine Adjudant de Place........	CARON.
Rive gauche : le Capitaine Adjudant de Place..................	VILLERS.

Rien de nouveau.

Le Général de Brigade, Chef de l'État-major général du Gouvernement de Paris et de la première Division militaire,

CÉSAR BERTHIER.

Pour copie conforme :

L'Adjudant-commandant, Sous-chef de l'État-major général du Gouvernement de Paris,

DOUCET.

ÉTAT-MAJOR
DU GOUVERNEMENT DE PARIS.

ORDRE du 19 Ventôse an 13.

SERVICE DE L'ÉTAT-MAJOR DU GOUVERNEMENT DE PARIS.

Du 19 au 20 Ventôse.

Adjudant de Place de service à l'État-major.................	SANSON.
Adjudant de Place de ronde de nuit.......................	CARON.

Visite aux Casernes, Prisons, Hôpital, et distribution de fourrages.

Rive droite de la Seine : le Capitaine Adjudant de Place.........	CARON.
Rive gauche : le Capitaine Adjudant de Place................	VILLERS.

Du 20 au 21 Ventôse.

Adjudant de Place de service à l'État-major.................	VIART.
Adjudant de Place de ronde de nuit.......................	VILLERS.

Visite aux Casernes, Prisons, Hôpital, et distribution de fourrages.

Rive droite de la Seine : le Capitaine Adjudant de Place.........	VILLERS.
Rive gauche : le Lieutenant Adjudant de Place...............	SANSON.

Pompe funèbre du Général Trivulzi.

M. le Ministre des Relations extérieures de la République Italienne a prié, par sa lettre en date du 17 courant, M. le Général *César Berthier* de vouloir bien témoigner à MM. les Officiers de son État-major, et à tous les Corps de la garnison de Paris, sa reconnaissance du bon ordre qui a été observé aux obsèques de *M. le Général Trivulzi.*

Le Général de Brigade, Chef de l'État-major général du Gouvernement de Paris et de la première Division militaire,

CÉSAR BERTHIER.

Pour copie conforme :

L'Adjudant-commandant, Sous-chef de l'État-major général du Gouvernement de Paris,

DOUCET.

ÉTAT-MAJOR
DU GOUVERNEMENT DE PARIS.

ORDRE du 20 Ventôse an 13.

SERVICE DE L'ÉTAT-MAJOR DU GOUVERNEMENT DE PARIS.

Du 20 au 21 Ventôse.

Adjudant de Place de service à l'État-major	VIART.
Adjudant de Place de ronde de nuit	VILLERS.

Visite aux Casernes, Prisons, Hôpital, et distribution de fourrages.

Rive droite de la Seine : le Capitaine Adjudant de Place	VILLERS.
Rive gauche : le Lieutenant Adjudant de Place	SANSON.

Du 21 au 22 Ventôse.

Adjudant de Place de service à l'État-major	COTEAU.
Adjudant de Place de ronde de nuit	SANSON.

Visite aux Casernes, Prisons, Hôpital, et distribution de fourrages.

Rive droite de la Seine : le Lieutenant Adjudant de Place	SANSON.
Rive gauche : le Capitaine Adjudant de Place	VIART.

Rien de nouveau.

Le Général de Brigade, Chef de l'État-major général du Gouvernement de Paris et de la première Division militaire,

CÉSAR BERTHIER.

Pour copie conforme :

L'Adjudant-commandant, Sous-chef de l'État-major général du Gouvernement de Paris,

DOUCET.

ÉTAT-MAJOR
DU GOUVERNEMENT DE PARIS.

ORDRE du 21 Ventôse an 13.

SERVICE DE L'ÉTAT-MAJOR DU GOUVERNEMENT DE PARIS.

Du 21 au 22 Ventôse.

Adjudant de Place de service à l'État-major.................... COTEAU.
Adjudant de Place de ronde de nuit............................ SANSON.

Visite aux Casernes, Prisons, Hôpital, et distribution de fourrages.

Rive droite de la Seine : le Lieutenant Adjudant de Place............... SANSON.
Rive gauche : le Capitaine Adjudant de Place........................ VIART.

Du 22 au 23 Ventôse.

Adjudant de Place de service à l'État-major.................... CORDIEZ.
Adjudant de Place de ronde de nuit............................ VIART.

Visite aux Casernes, Prisons, Hôpital, et distribution de fourrages.

Rive droite de la Seine : le Capitaine Adjudant de Place............... VIART.
Rive gauche : le Lieutenant Adjudant de Place...................... COTEAU.

Rien de nouveau.

Le Général de Brigade, Chef de l'État-major général du Gouvernement de Paris et de la première Division militaire,

CÉSAR BERTHIER.

Pour copie conforme :

L'Adjudant-commandant, Sous-chef de l'État-major général du Gouvernement de Paris,

DOUCET.

ÉTAT-MAJOR
DU GOUVERNEMENT DE PARIS.

ORDRE du 22 Ventôse an 13.

SERVICE DE L'ÉTAT-MAJOR DU GOUVERNEMENT DE PARIS.

Du 22 au 23 Ventôse.

Adjudant de Place de service à l'État-major.............................	CORDIEZ.
Adjudant de Place de ronde de nuit...................................	VIART.

Visite aux Casernes, Prisons, Hôpital, et distribution de fourrages.

Rive droite de la Seine : le Capitaine Adjudant de Place.................	VIART.
Rive gauche : le Capitaine Adjudant de Place...........................	COTEAU.

Du 23 au 24 Ventôse.

Adjudant de Place de service à l'État-major.............................	CARON.
Adjudant de Place de ronde de nuit...................................	COTEAU.

Visite aux Casernes, Prisons, Hôpital, et distribution de fourrages.

Rive droite de la Seine : le Capitaine Adjudant de Place.................	COTEAU.
Rive gauche : le Capitaine Adjudant de Place...........................	CORDIEZ.

Rien de nouveau.

Le Général de Brigade, Chef de l'État-major général du Gouvernement de Paris et de la première Division militaire,

CÉSAR BERTHIER.

Pour copie conforme :

L'Adjudant-commandant, Sous-chef de l'État-major général du Gouvernement de Paris,

DOUCET.

ÉTAT-MAJOR
DE ... ...EMENT DE PARIS.

du 23 Ventôse an 12.

ÉTAT-MAJOR
DU GOUVERNEMENT DE PARIS.

ORDRE du 23 Ventôse an 13.

SERVICE DE L'ÉTAT-MAJOR DU GOUVERNEMENT DE PARIS.

Du 23 au 24 Ventôse.

Adjudant de Place de service à l'État-major....................	CARON.
Adjudant de Place de ronde de nuit.................................	COTEAU.

Visite aux Casernes, Prisons, Hôpital, et distribution de fourrages.

Rive droite de la Seine : le Capitaine Adjudant de Place..................	COTEAU.
Rive gauche : le Capitaine Adjudant de Place.......................	CORDIEZ.

Du 24 au 25 Ventôse.

Adjudant de Place de service à l'État-major....................	VILLERS.
Adjudant de Place de ronde de nuit.................................	CORDIEZ.

Visite aux Casernes, Prisons, Hôpital, et distribution de fourrages.

Rive droite de la Seine : le Capitaine Adjudant de Place..................	CORDIEZ.
Rive gauche : le Capitaine Adjudant de Place.......................	CARON.

Rien de nouveau.

Le Général de Brigade, Chef de l'État-major général du Gouvernement de Paris et de la première Division militaire,

CÉSAR BERTHIER.

Pour copie conforme :

L'Adjudant-commandant, Sous-chef de l'État-major général du Gouvernement de Paris;

DOUCET.

ÉTAT-MAJOR
DU GOUVERNEMENT DE PARIS.

ORDRE du 24 Ventôse an 13.

SERVICE DE L'ÉTAT-MAJOR DU GOUVERNEMENT DE PARIS.

Du 24 au 25 Ventôse.

Adjudant de Place de service à l'État-major....................	VILLERS.
Adjudant de Place de ronde de nuit............................	CORDIEZ.

Visite aux Casernes, Prisons, Hôpital, et distribution de fourrages.

Rive droite de la Seine : le Capitaine Adjudant de Place................	CORDIEZ.
Rive gauche : le Capitaine Adjudant de Place.........................	CARON.

Du 25 au 26 Ventôse.

Adjudant de Place de service à l'État-major....................	GRAILLARD.
Adjudant de Place de ronde de nuit............................	CARON.

Visite aux Casernes, Prisons, Hôpital, et distribution de fourrages.

Rive droite de la Seine : le Capitaine Adjudant de Place................	CARON.
Rive gauche : le Capitaine Adjudant de Place.........................	VILLERS.

Rien de nouveau.

Le Général de Brigade, Chef de l'État-major général du Gouvernement de Paris et de la première Division militaire,

CÉSAR BERTHIER.

Pour copie conforme :

L'Adjudant-commandant, Sous-chef de l'État-major général du Gouvernement de Paris,

DOUCET.

ÉTAT-MAJOR
DU GOUVERNEMENT DE PARIS.

ORDRE du 25 Ventôse an 13.

SERVICE DE L'ÉTAT-MAJOR DU GOUVERNEMENT DE PARIS.

Du 25 au 26 Ventôse.

Adjudant de Place de service à l'État-major.................... GRAILLARD.
Adjudant de Place de ronde de nuit............................. CARON.

Visite aux Casernes, Prisons, Hôpital, et distribution de fourrages.

Rive droite de la Seine : le Capitaine Adjudant de Place................ CARON.
Rive gauche : le Capitaine Adjudant de Place...................... VILLERS.

Du 26 au 27 Ventôse.

Adjudant de Place de service à l'État-major.................... VIART.
Adjudant de Place de ronde de nuit............................. VILLERS.

Visite aux Casernes, Prisons, Hôpital, et distribution de fourrages.

Rive droite de la Seine : le Capitaine Adjudant de Place................ VILLERS.
Rive gauche : le Capitaine Adjudant de Place...................... GRAILLARD.

Rien de nouveau.

Le Général de Brigade, Chef de l'État-major général du Gouvernement de Paris et de la première Division militaire,

CÉSAR BERTHIER.

Pour copie conforme :

L'Adjudant-commandant, Sous-chef de l'État-major général du Gouvernement de Paris,

DOUCET.

ÉTAT-MAJOR
DU GOUVERNEMENT DE PARIS.

ORDRE du 26 Ventôse an 13.

SERVICE DE L'ÉTAT-MAJOR DU GOUVERNEMENT DE PARIS.

Du 26 au 27 Ventôse.

Adjudant de Place de service à l'État-major.................... VIART.
Adjudant de Place de ronde de nuit............................ VILLERS.

Visite aux Casernes, Prisons, Hôpital, et distribution de fourrages.

Rive droite de la Seine : le Capitaine Adjudant de Place.................. VILLERS.
Rive gauche : le Capitaine Adjudant de Place......................... GRAILLARD.

Du 27 au 28 Ventôse.

Adjudant de Place de service à l'État-major.................... COTEAU.
Adjudant de Place de ronde de nuit............................ GRAILLARD.

Visite aux Casernes, Prisons, Hôpital, et distribution de fourrages.

Rive droite de la Seine : le Capitaine Adjudant de Place.................. GRAILLARD.
Rive gauche : le Capitaine Adjudant de Place......................... VIART.

Rien de nouveau.

Le Général de Brigade, Chef de l'État-major général du Gouvernement de Paris et de la première Division militaire,

CÉSAR BERTHIER.

Pour copie conforme :

L'Adjudant-commandant, Sous-chef de l'État-major général du Gouvernement de Paris,

DOUCET.

ÉTAT-MAJOR
DU GOUVERNEMENT DE PARIS.

ORDRE du 27 Ventôse an 13.

SERVICE DE L'ÉTAT-MAJOR DU GOUVERNEMENT DE PARIS.

Du 27 au 28 Ventôse.

Adjudant de Place de service à l'État-major........................ COTEAU.
Adjudant de Place de ronde de nuit................................ GRAILLARD.

Visite aux Casernes, Prisons, Hôpital, et distribution de fourrages.

Rive droite de la Seine : le Capitaine Adjudant de Place................ GRAILLARD.
Rive gauche : le Capitaine Adjudant de Place........................ VIART.

Du 28 au 29 Ventôse.

Adjudant de Place de service à l'État-major........................ CORDIEZ.
Adjudant de Place de ronde de nuit................................ VIART.

Visite aux Casernes, Prisons, Hôpital, et distribution de fourrages.

Rive droite de la Seine : le Capitaine Adjudant de Place................ VIART.
Rive gauche : le Capitaine Adjudant de Place........................ COTEAU.

Rien de nouveau.

Le Général de Brigade, Chef de l'État-major général du Gouvernement de Paris et de la première Division militaire,

CÉSAR BERTHIER.

Pour copie conforme :

L'Adjudant-commandant, Sous-chef de l'État-major général du Gouvernement de Paris,

DOUCET.

ÉTAT-MAJOR
GOUVERNEMENT DE PARIS.

Paris, le 27 ventôse an 13.

MINISTRE DU GOUVERNEMENT DE PARIS,

.... Citau.
.... Gxuillard.

ÉTAT-MAJOR
DU GOUVERNEMENT DE PARIS.

ORDRE du 28 Ventôse an 13.

SERVICE DE L'ÉTAT-MAJOR DU GOUVERNEMENT DE PARIS.

Du 28 au 29 Ventôse.

Adjudant de Place de service à l'État-major................................	CORDIEZ.
Adjudant de Place de ronde de nuit................................	VIART.

Visite aux Casernes, Prisons, Hôpital, et distribution de fourrages.

Rive droite de la Seine : le Capitaine Adjudant de Place................	VIART.
Rive gauche : le Capitaine Adjudant de Place........................	COTEAU.

Du 29 au 30 Ventôse.

Adjudant de Place de service à l'État-major................................	CARON.
Adjudant de Place de ronde de nuit................................	COTEAU.

Visite aux Casernes, Prisons, Hôpital, et distribution de fourrages.

Rive droite de la Seine : le Capitaine Adjudant de Place................	COTEAU.
Rive gauche : le Capitaine Adjudant de Place........................	CORDIEZ.

Rien de nouveau.

Le Général de Brigade, Chef de l'État-major général du Gouvernement de Paris et de la première Division militaire,

CÉSAR BERTHIER.

Pour copie conforme :

L'Adjudant-commandant, Sous-chef de l'État-major général du Gouvernement de Paris,

DOUCET.

ÉTAT-MAJOR
DU COMMANDEMENT DE PARIS

Paris, le 29 Ventôse an 13.

ÉTAT-MAJOR
DU GOUVERNEMENT DE PARIS.

ORDRE du 29 Ventôse an 13.

SERVICE DE L'ÉTAT-MAJOR DU GOUVERNEMENT DE PARIS.

Du 29 au 30 Ventôse.

Adjudant de Place de service à l'État-major.................. CARON.
Adjudant de Place de ronde de nuit........................... COTEAU.

Visite aux Casernes, Prisons, Hôpital, et distribution de fourrages.

Rive droite de la Seine : le Capitaine Adjudant de Place.... COTEAU.
Rive gauche : le Capitaine Adjudant de Place................. CORDIEZ.

Du 30 Ventôse au 1.er Germinal.

Adjudant de Place de service à l'État-major.................. VILLERS.
Adjudant de Place de ronde de nuit........................... CORDIEZ.

Visite aux Casernes, Prisons, Hôpital, et distribution de fourrages.

Rive droite de la Seine : le Capitaine Adjudant de Place.... CORDIEZ.
Rive gauche : le Capitaine Adjudant de Place................. CARON.

Rien de nouveau.

Le Général de Brigade, Chef de l'État-major général du Gouvernement de Paris et de la première Division militaire,

CÉSAR BERTHIER.

Pour copie conforme :

L'Adjudant-commandant, Sous-chef de l'État-major général du Gouvernement de Paris,

DOUCET.

ÉTAT-MAJOR
DU GOUVERNEMENT DE PARIS.

Ordre du 30 Ventôse an 13.

SERVICE DE L'ÉTAT-MAJOR DU GOUVERNEMENT DE PARIS.

Du 30 Ventôse au 1.ᵉʳ Germinal.

Adjudant de Place de service à l'État-major.................... Villers.
Adjudant de Place de ronde de nuit............................. Cordiez.

Visite aux Casernes, Prisons, Hôpital, et distribution de fourrages.

Rive droite de la Seine : le Capitaine Adjudant de Place................. Cordiez.
Rive gauche : le Capitaine Adjudant de Place........................ Caron.

Du 1.ᵉʳ au 2 Germinal.

Adjudant de Place de service à l'État-major..................... Graillard.
Adjudant de Place de ronde de nuit............................ Caron.

Visite aux Casernes, Prisons, Hôpital, et distribution de fourrages.

Rive droite de la Seine : le Capitaine Adjudant de Place................. Caron.
Rive gauche : le Capitaine Adjudant de Place........................ Villers.

Mutation.

En conséquence des ordres de son Excellence le Ministre-Directeur de l'Administration de la Guerre, les Bureaux de M. le Commissaire des Guerres *Fradiel* sont transférés *à la maison Saint-Joseph*, rue Saint-Dominique.

Corvées.

Le 4.ᵉ Régiment d'Infanterie légère fournira, pendant le mois de Germinal prochain, tous les hommes de corvée nécessaires au dépôt central de l'Artillerie, sur la réquisition particulière du Général *S.ᵗ Laurent*, Directeur dudit dépôt.

Le Général de Brigade, Chef de l'État-major général du Gouvernement de Paris et de la première Division militaire,

César BERTHIER.

Pour copie conforme :

L'Adjudant-commandant, Sous-chef de l'État-major général du Gouvernement de Paris,

DOUCET.

www.ingramcontent.com/pod-product-compliance
Lightning Source LLC
Chambersburg PA
CBHW070903170426
43202CB00012B/2173